通勤大学実践MBA

戦略物流

(株)イー・ロジット 代表
角井亮一＝著
Ryoichi Kakui
グローバルタスクフォース(株)＝監修
GLOBAL TASKFORCE K.K.

通勤大学文庫
STUDY WHILE COMMUTING
総合法令

まえがき

■なぜ物流について学ぶのか

どんな企業であっても、物流がなければ、ほとんどの事業は成り立ちません。にもかかわらず、物流を軽視しているビジネスパーソンが多いように感じます。たとえば、「(物流なんて)言えば、現場が自動的にやってくれるんだよ」「うちの会社は、どこから商品発送をしているんだっけ?」というような具合です。

しかし、そのような人が多い会社は、無駄遣いをしていることに気づいていません。「もっと物流に配慮すれば、全体のコストが下がるのに……」と思う会社は、中小だけでなく大企業にもたくさんあります。

その一方、本書で解説しているように、物流に力を入れて、企業の有力な武器として物流を磨いている会社は、競合企業と比べて競争上優位にあります。本文を読み進めていただければ、「なるほど、そうだな。あの会社も物流が優れているから競争力があるんだ」と気づかれることでしょう。

これからは、ぜひ物流を「戦略」として捉え、競合との物流比較調査を行い、どんなポイントで競合より勝るべきなのかを社内で徹底的に議論をしてください。そして、そのポイントを強化して、他社を凌駕してください。

物流で他社を凌駕するポイントが「低コスト」であれば、毎日残せる利益を他社よりも多く積み上げることができます。また、ポイントが「スピード」であれば、お客様にとっても遅くまで発注ができると、CS（顧客満足）の観点から好意的に見てもらえるはずです。このように、自社として競争優位をどう維持するのかを考えて、磨いてください。

近年は、以上のような考え方（＝戦略物流思考）で売上や利益を上げている企業が増えています。あなたが勤めている会社でも、あなたがそのような考えを持って、業績を上げてください。また、本書を手にとったのは、あなたにとってのチャンスです。ぜひ、本書を熟読して、実践していってください。

■「通勤大学実践ＭＢＡ」シリーズについて

「通勤大学実践ＭＢＡ」シリーズは、姉妹シリーズの「通勤大学ＭＢＡ」で学んだ世界共通のコンセプトや原理原則を踏まえ、より具体的・実践的なスキルの獲得を目指す、文字どおり実践版です。本シリーズでは、〝MBAの視点〟を「ビジネス機能のつながりを体系的に理解する」と定義して、それを念頭に置きつつ、国際的に通用するという点と、実践的な場面での意思決定を促す点を重視しています。

どの世界でも通用する「生きたビジネスの法則と理論」を結びつけて、自分自身の市場価値向上につなげることを目指すビジネスパーソンにぜひ読んでいただきたいと思います。

■謝辞

本書の出版にあたり、監修をしていただきましたグローバルタスクフォース株式会社の山中英嗣氏に感謝いたします。加えて、第7章に物流改革の事例として取り上げた企業には、執筆にあたって、資料提供などでご協力をいただきました。この場を借りて御礼申し上げます。また、本書は筆者が代表を務める株式会社イー・ロジットのメンバーの日頃の努力による現場の知恵と知識のおかげで生まれました。メンバー全員に感謝いたします。

目次

第2章　新しい取り組み（SCM・3PL）

第3章　マーケティング・CS（顧客満足）との関係

第4章　CS物流の実現

第5章　在庫削減手法

第6章　発注精度を上げる

本文組版・図版　横内俊彦
本文図版　川原田良一
本文イラスト　藤田めぐみ

■本書の構成■

第1章　物流と戦略物流	知っておくべき知識	物流を単なる作業として捉えるのではなく、ＭＢＡレベルで最低限必要な知識を学んでいただきます。
第2章　新しい取り組み（ＳＣＭ・３ＰＬ）		
第3章　マーケティング・CS（顧客満足）との関係	物流レベルアップのための実践	物流をレベルアップするための実践的な手法を具体的に学んでいただきます。
第4章　CS物流の実現		
第5章　在庫削減手法		
第6章　発注精度を上げる		
第7章　物流改革の企業事例	事例解説	他社では何をしているのかを、本書の切り口で学習していただきます。

第1章

物流と戦略物流

1-1 物流とは（揺るがない競争優位に立てる）

多くの経営者は、物流のことを軽視します。それは物流の底力を知らないからです。実際、物流に力を入れている企業は成長力が高く、成長し続けています。

たとえば、オフィス用品通販のアスクル。創業前のビジネスモデルを構築するときから、物流は主要なテーマでした。また、健康関連商品通販のケンコーコムも同様です。在庫アイテムを増やし続けることのできる物流体制作りを入念に行ってきました。

ベンチャーだけではありません。たとえば、日用雑貨メーカーの花王や食品卸の加藤産業は、ともに高い物流技術を持つことで、流通業界におけるプレゼンスを高めています。

同様の事例はさらにあります。機械工具卸のトラスコ中山やネジ卸のサンコーインダストリーは、他社を凌ぐ物流インフラやネットワークを築き、成長力を維持しています。

以上は、物流を軽視する会社は物流に力を入れる会社に負けることを示す事例です。

さて、物流には「企業競争力」という観点から、次のような2つの特徴があります。

「企業競争力」から見た物流の特徴
①水面下の活動であり、
他社にはわかりにくい
②地道な努力によるもので、
他社に真似されにくい

最初の1つは、物流は水面下の活動であり、他社が内情を知りたくても知ることができないものであるということです。逆に商品やマーケティングなどの表面的な活動は情報が洩れ、簡単に真似されてしまいます。

もう1つは、物流は地道な努力（工程改善、QC、人材教育など）によって技術向上を行うものだということです。したがって、形だけ真似されたとしても、他社がその精度や品質を容易に実現することはできません。

物流には以上のような2つの特徴があるため、物流に早くから着目し、物流における人材教育やノウハウ習得、改善活動を積み重ねた企業は、長期間揺るがない競争優位を持つことができるのです。

1-2 品質向上か、コスト削減か（物流サービスレベルと物流コスト）

物流で競争に打ち勝つには、他社と比べて、高いサービスレベルを実現するか、あるいは低コストを達成するかのいずれかを達成しなければなりません。

もちろん、理想は高いサービスレベルを低コストで提供することです。しかも、他社とは比べ物にならないくらいのレベルで行う必要があります。

しかし、サービスレベルとコストは、「トレードオフ（二律背反）」の関係にあることが多く、両方を一度に達成できるのは、これまでよほど効率の悪い物流をしてきた会社くらいでしょう。

したがって、通常は1つずつ行います。たとえば、最初のプロジェクトではサービスレベルを向上させ、次のプロジェクトでコストを削減する、というように、二兎を追わずに一兎ずつ追っていきます（ただし、結果的に両方達成することはあります）。

物流改革プロジェクトを旗揚げした企業との最初のミーティングで困るのは、サービス

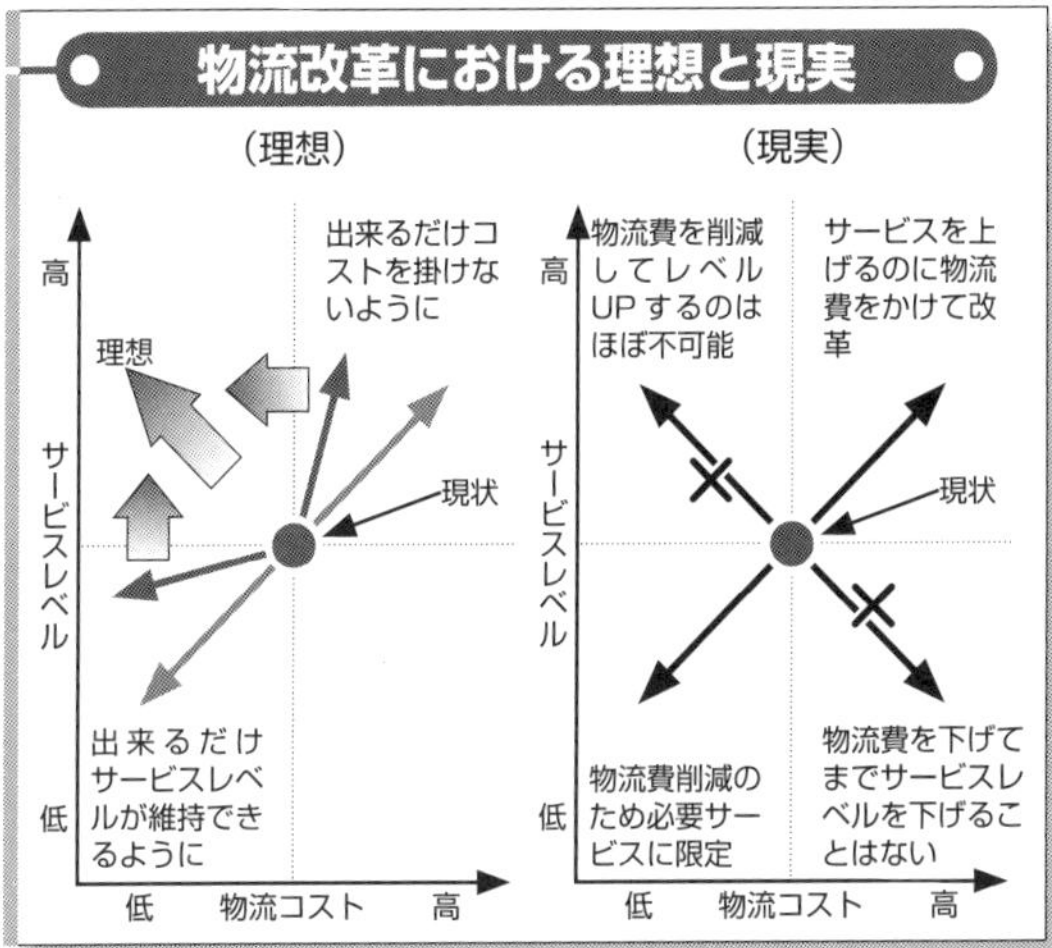

レベル向上とコスト削減の両方を狙っていたり、逆にどちらの向上を目標として設定したらいいのかわからない企業が多いことです。

その際は、次のような切り口でインタビューを行い、どちらかを選ばせます。

それは「経営方針は、どうなっていますか？」「今の主題は売上アップですか？　利益拡大ですか？」などと、上位にある企業戦略を聞き出すのです。売上アップがテーマであれば、サービスレベル向上をテーマにすべきですし、逆に経営方針が低価格路線であればコストダウン、高品質路線であればサービスレベルアップをテーマにするべきということになります。

1-3 物流サービスレベル① 正確な納品

物流における品質向上とは、具体的には「物流サービスレベル向上」のことを指します。そして、物流サービスレベルには、次ページの図のように様々な要素があります。

基本的には、生産管理における重要な3つの条件と言われるQCDに基づきます。Qは品質（quality）、Cはコスト（cost）、Dは納期（delivery）のことです。

物流品質の最たるものは、物流の基本機能である「正確な納品」、つまり、「正確な内容（正確な商品と正確な数量）を、正確な時間に、適正な状態で、正確な場所に行う」ことを言います。この「正確な納品」というサービスレベルを向上させようとする場合、たとえば、誤納品が1万回に2回発生しているとすれば、その内訳を運送事故が10％、誤数が20％、誤納品先が30％、誤品が40％とまず分析し、どのサービスレベルから先に上げるのかを検討しなければなりません。最初に誤品を減らしたいのであれば、似た商品が棚で隣同士にならないように置き場所を変えたり、ＪＡＮコード検品をしたりします。

物流サービスレベルの要素

納期回答	在庫把握	在庫数把握
		引き当てシステム
	仕組み化	フローづくり
納品ミス	誤出荷	誤数
		誤品
		誤納品先
		品質検品ミス
	運送事故	破損
		汚損
		誤納品
欠品	商品不良	破損
		汚損
	在庫差異	入庫検品違い
		誤出荷
		移動処理ミス
		盗難
	発注ミス	在庫精度
		発注システム有無
	不測の受注	需要予測の有無
		在庫量不足
リードタイム	受注～出荷依頼	受注方法
		受注処理体制
		受注処理方法
	出荷依頼～出荷	出荷段取り
		人員体制
		伝票発行方法
		ピッキング方法
		梱包方法
	出荷～納品	運送方法
		拠点と顧客の配置
人的対応	電話対応	言葉づかい
		声のトーン
		挨拶
	ドライバー対応	言葉づかい
		声のトーン
		挨拶
		身だしなみ

1-4 物流サービスレベル② 納品リードタイム

物流サービスレベルは「正確な納品」にまつわるものだけではありません。顧客から受注を受けて納品までにかかる生産や輸送の時間や日数、すなわち「納品リードタイム」も重要な要素です。

なぜなら、流通段階における在庫削減や需要に対する反応能力の向上という意味から、リードタイムの短縮化は重要な課題だからです。

たとえば、自社では「午前中に受注した注文は明日午前に納品をする」約束をしているとしましょう。しかし、他社で「朝10時までに注文をもらえば、当日に納品する」と言っていれば、商品価格や品質に差がないかぎり、他社が競争優位にあることに間違いはありません。

一般に、業務用酒販店（飲食店に酒類を販売する業態）の場合、朝5時までに受けた注文は、当日の夕方5時までに配達するのが最低レベルの納品リードタイムです。しかし、店によっては、朝11時までに配達して欲しいというところもあります。したがって、そう

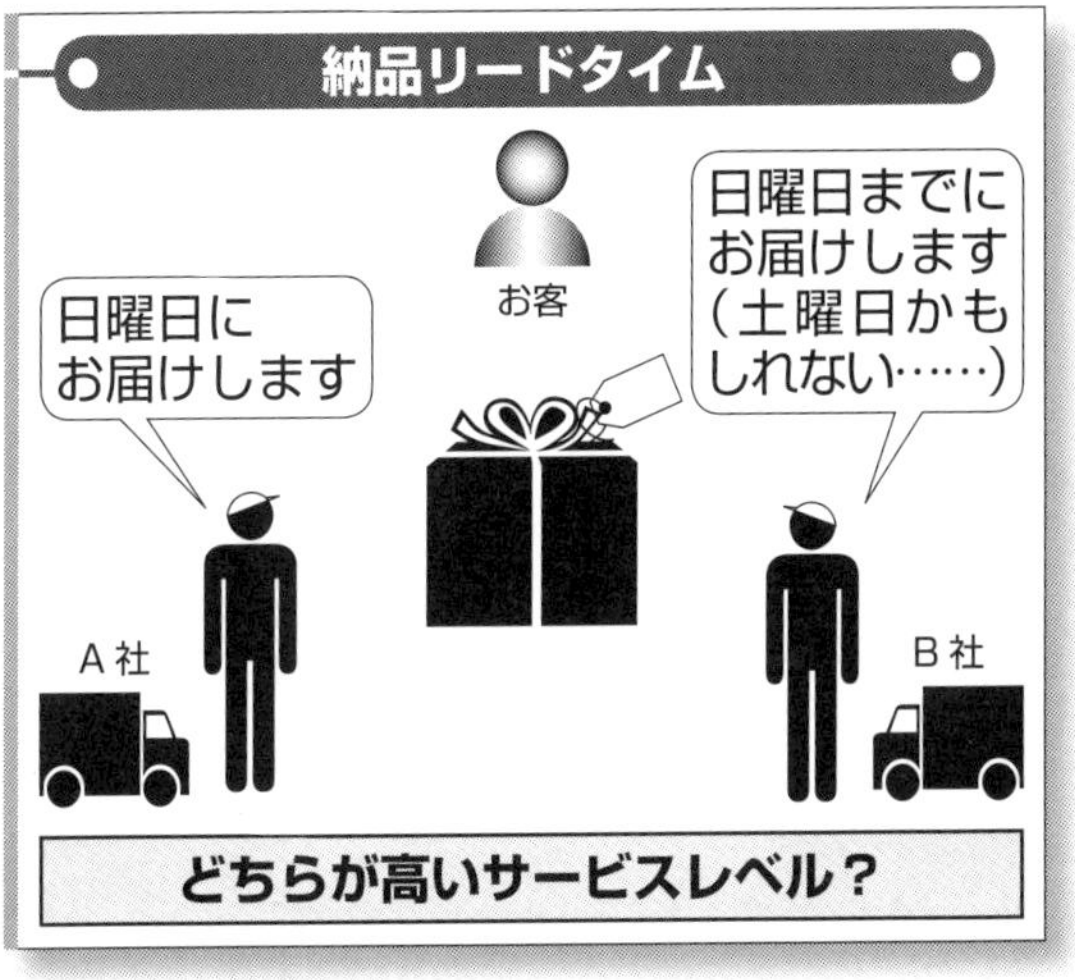

いった注文に対応できるかどうかが、継続的に注文をいただけるかどうかに直結します。

ここで誤解していただきたくないのは、配達が早ければサービスレベルが高いとは必ずしも言えないということです。実際には、お客様との約束通りの時間に届けることのほうが、サービスレベルが高いと言えるのです。

たとえば、あなたが金曜日に通販で商品を買った場合、「日曜日までにお届けします」と言われても、それが土曜日に届くのか日曜日に届くのかわからなければ困ってしまうはずです。そうではなく、はっきり「日曜日にお届けします」と言われたほうが、商品を待つのが日曜日だけになるので便利だと感じるはずです。

1-5 物流サービスレベル③　その他

さらに、別のサービスレベルの話をします。物流は受注から始まります。したがって、納期回答の精度やスピード、方法も、サービスレベルの要素になります。

納期回答の精度を上げるのは、一見簡単そうに思えますが、実はなかなか大変なことです。まず注文を受けたときに、その商品が在庫としてあるのかどうかがわからないといけないからです。しかも、それはコンピュータ在庫または理論在庫ではなく、実在庫が倉庫にあるかどうかがわからなければいけません。したがって、在庫精度が高くなければ、本当に現物があるかどうかがわからないのです。

次に、在庫精度が上がって、在庫の有無の判別が付くようになっても、在庫なしの商品がいつ納品されるのかを回答しなければなりません。仕入先と納品リードタイムの約束をしていても、その約束が守られるかどうかはわかりません。その約束が１００％守られて、初めて在庫なし商品の納期回答が自信をもってできるようになるのです。

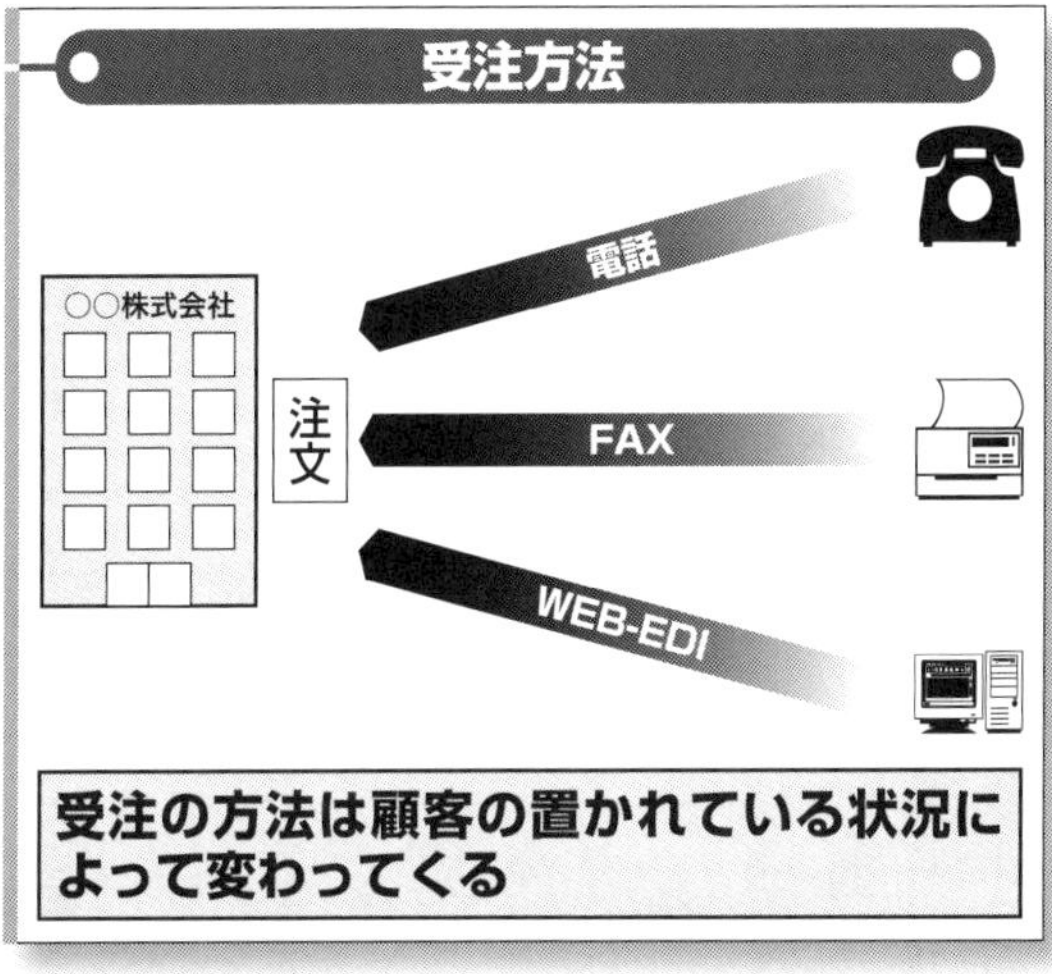

また、受注の方法は、電話での注文が便利なのか、FAXが便利なのか、あるいはWEB－EDIが便利なのかは、顧客の置かれている状況によって変わってきます。たとえば、個人商店が販売先であれば、WEB－EDIの比率は100％を目指さずに、一定レベルで抑えてもよいはずです。サービスレベル向上という観点に立てば、電話100％が最高のサービスレベルなのかもしれません。

このように、サービスレベルにはさまざまな指標があります。どの方法を使うのかは、企業の置かれている環境（取扱商品や取引先、競合企業など）や、経営者の考えによって異なってくることに注意しましょう。

1-6 物流コスト① どう算出するか

「物流コスト削減」を行うためには、物流コストを正確に算出する必要があります。しかし、多くの企業では規模の大小に関係なく、物流コストを正確に把握できていません。「物流コストはいくらかかかっていますか？」と尋ねても、物流拠点の運賃と家賃の総額（支払物流費）という答えが返ってくることがほとんどです。

現実には、物流コストには支払物流費以外に、物流に関わる社員やパート・アルバイトの人件費、システム運用費、在庫金利、所有倉庫の費用などを合計しなければなりません。

物流コストの算出方法にはいくつかありますが、中小企業庁から『物流コスト算定・活用マニュアル』（1992年）や『わかりやすい物流コストの算定マニュアル』（1996年）が発行されており、これらを参考に算出することができます。これらは人件費や輸配送費、保管費などのコスト種類別に算出する方法です（参考資料⑦参照）。

そのほか、中小企業庁から出されている最新の物流算出方法に、『物流ABC準拠によ

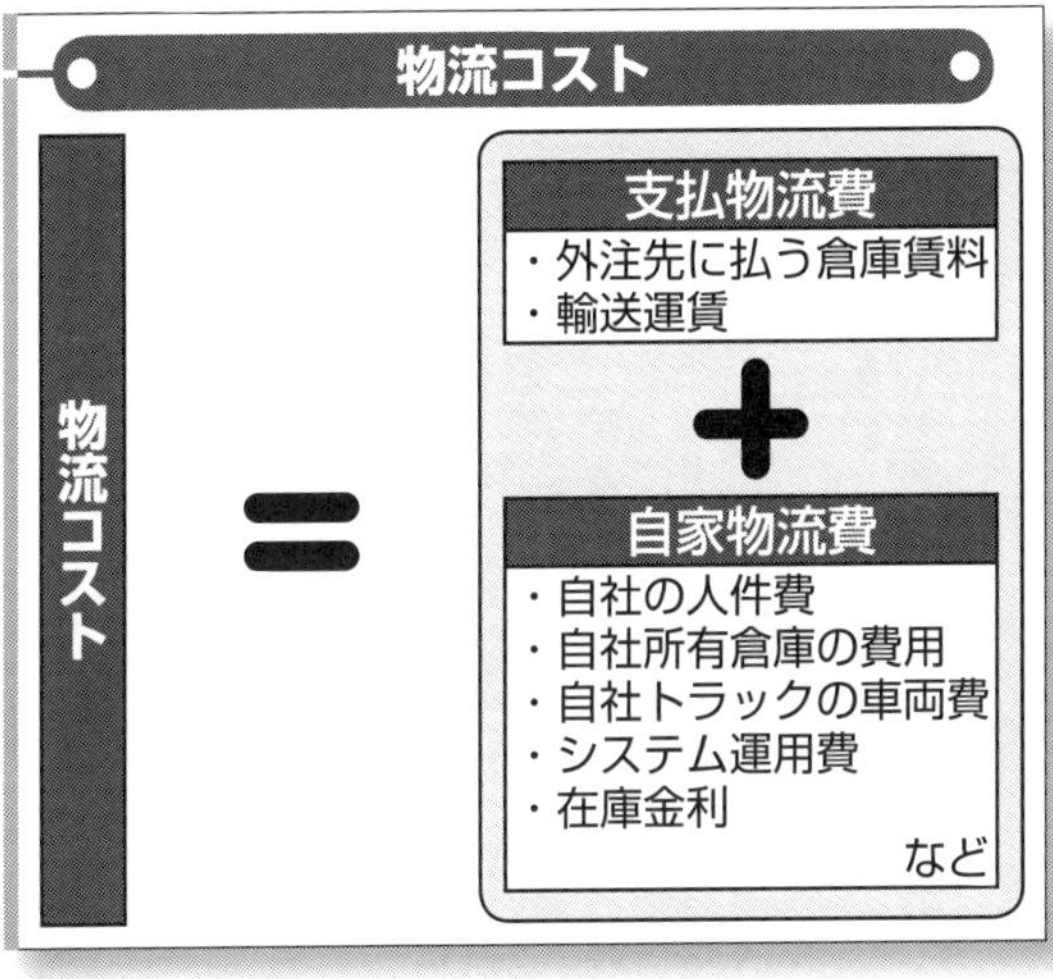

る物流コスト算定・効率化マニュアル』（中小企業庁２００３年、増補版２００６年）があります。いわゆる「アクティビティベースドコスティングによる物流コストの算出方法」です。この物流ＡＢＣによる算出は、一般的に、その手間と利用目的から、１年に１度か、数年に１度、実施するところが多いようです。

これら、物流コストの算出は１回行うだけでは不十分で、継続して行う必要があります。また、１年に１度だけではいけません。毎月実施する必要があります。

筆者の経験では、最初の算出には、時間と手間がかかりますが、２回３回と繰り返すうちに、毎月の算出が容易になっていきます。

1-7 物流コスト②　何をベンチマークするか

「物流コスト10％削減」というテーマが、物流改革プロジェクトで与えられたとしましょう。あなたがそのプロジェクトのリーダーであれば、その目標値「10％」を具体的に定義できなければなりません。なぜなら、前年予算額の10％削減を行うのか、それとも物流費率を10％削減するのかによって、達成の難易度は大きく変わってくるからです。

物流費率とは、売上高に対する物流費の割合です。たとえば、前年の物流費が５０００万円で売上高が5億円の会社では、物流費率は10％となります。

この場合、前年予算額を10％削減するのと、物流費率を10％削減するのとでは、削減しなければならない金額は具体的には、次のようになります。

①物流費を10％削減する（５０００万円↓４５００万円）

②物流比率を10％削減↓９％にする

①②とも、物流費を５００万円カットできれば、達成できるはずです。しかし、今期の

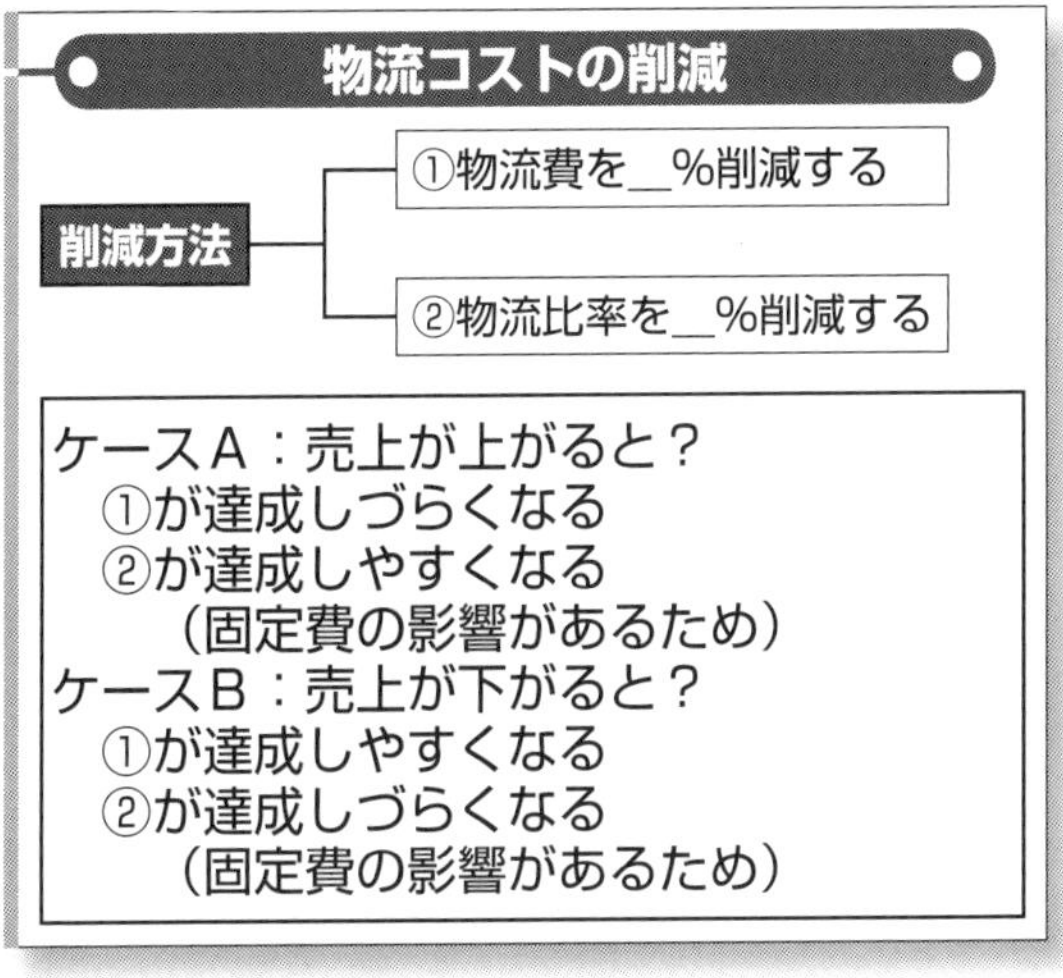

売上が前年とまったく同じになるとは限りませんし、商品単価も企業間競争のために下がることはよくあることです。したがってデフレで商品単価が下がると、②は達成しづらくなります。

では、物流コストの削減では、どのような目標設定をするのがよいのでしょうか？

単刀直入に結論から言うと、「1梱包あたりのコストをベンチマークする」ことが最も適切と言えます。この数値は、計算がしやすく、新任の物流現場リーダーでもできます。また、ラインごとや現場ごと、拠点ごと、チームごとに計算することができます。他の部門の影響を受けづらい点でもベンチマークに適しています。

1-8 物流5大機能（輸送、保管、荷役、流通加工、包装）

物流を語るには、最低限「物流5大機能」を空で言える必要があります。「物流5大機能」とは、①輸送、②保管、③荷役、④流通加工、⑤包装の5つの機能のことを言います。

まず①輸送とは、A地点からB地点への移動を言います。移動の方法には、トラックや船舶、飛行機、列車のほか、パイプラインも含まれ、これらを輸送モードと言います。

次に②保管とは、A地点における適正な状態で貯蔵（在庫）を行うことです。保管はいわゆる倉庫で行われますが、危険物を取り扱う倉庫や、冷蔵・冷凍状態で保管できる倉庫、青空で保管する倉庫（野積倉庫）などいろいろな種類があります。

③荷役は、A地点での入庫、出庫、ピッキング、積み付け、仕分けなどの荷扱い作業のことを言います。具体的には倉庫に到着した商品を、入荷・入庫して保管場所に格納し、出荷指示が入った場合は取り出して梱包し、出荷・出庫するなどの作業です。荷役をスムーズに行うためには、フォークリフトや自動倉庫などのマテハン機器を使います。

次に④流通加工とは、値札付けやセット組み（ビールギフトセットを組む）など従来なら小売店などで行っていた加工業務のことを言います。

最後の⑤包装は、輸送や保管を安全に行うために商品を保護するものです。マーケティング上、店頭でメッセージを伝えることができる包装を使う場合も多々あります。個装（各商品の包装）、外装（輸送用の包装）、内装（輸送梱包の内側の包装）、などの種類があります。包装の材料は、紙以外に発泡スチロールや木材などがありますが、近年はエコロジーの観点から、できる限り再利用できる紙を利用したり、材料の使用を極力抑えることが求められています。

1-9 戦略物流とは（物流戦略／物流管理／物流作業）

本書で提唱している「戦略物流」は、単なる「作業」の積み上げであった物流も今後は「企業戦略」との整合性を取って、物流管理や物流作業の方法を変えなければならないという発想から来ています。

一般に、物流とは、物流作業、もしくは物流作業と物流管理を併せたものを指しますが、次ページの図のように「戦略」「戦術」「戦闘」のレイヤーを持つことで、企業の物流は戦略性を持った、競争上優位に立てる武器として使えるようになるのです。これが「戦略物流」の考え方です。

物流現場では、その日に出荷残が出ないように、まさに戦争状態で出荷作業をしています。それをコスト管理や品質管理などの物流管理を行うことで、コストを下げ、品質を上げることを実現しています。そして、物流戦略では、「コストを下げてでもサービスレベルを上げようとするのか、サービスレベルを下げてでもコストを下げようとするのか」な

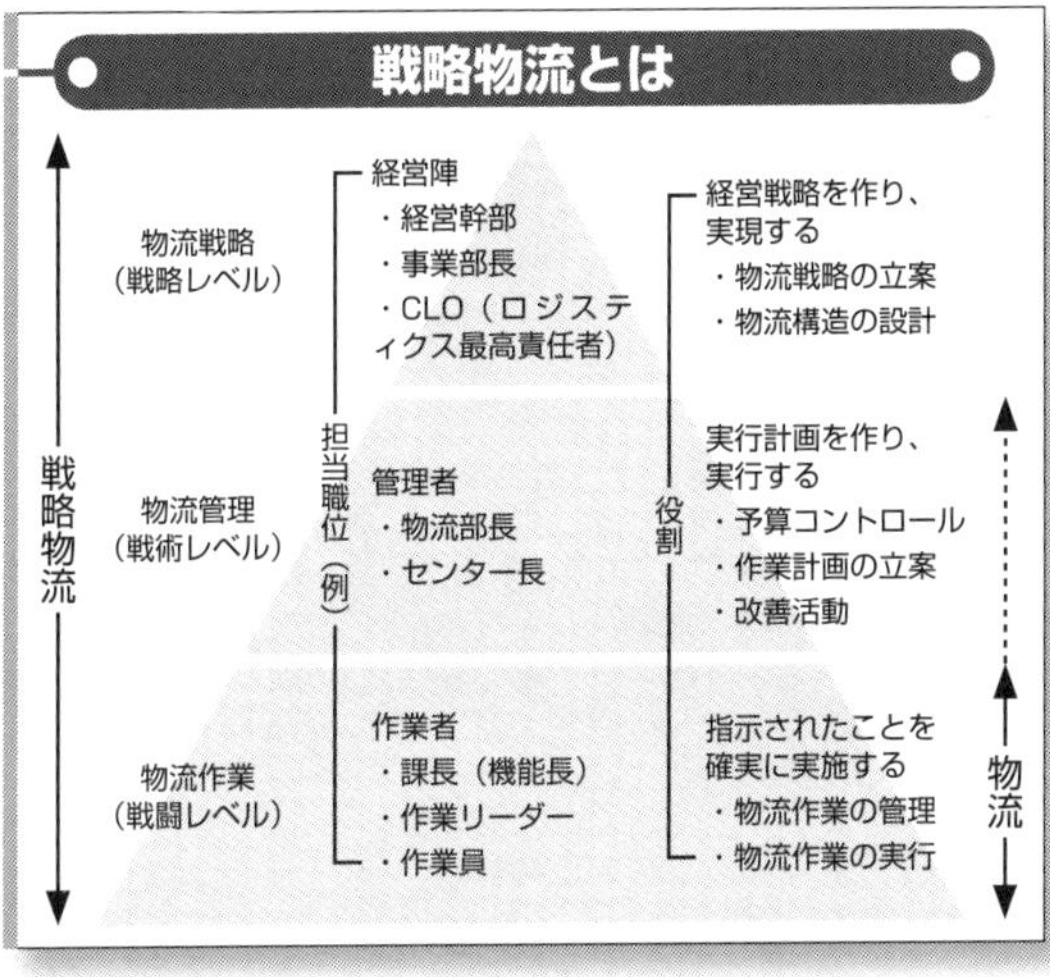

どを決定し、拠点配置などの物流構造を変え、物流管理自体も変化させていきます。

たとえば「売上を伸ばすために、物流サービスレベルを上げる」と企業戦略で決められたときに、顧客に近づくために物流拠点数を増やし、そして、物流管理指標（物流ＫＰＩ）の優先順位が変わります（66ページ参照）。それが変わったことで、物流現場への要求内容や要求度合いが変わります。具体的には、リードタイムを1時間上げると決めたときに、物流ＫＰＩでは、コストよりリードタイムの指標が優先されます。

このように、企業戦略と物流現場は繋がっているのです。

1-10 戦略物流8大機能（部分最適から全体最適へ）

「戦略物流8大機能」とは、前述の物流5大機能の①輸送、②保管、③荷役、④包装、⑤流通加工、に加え、⑥情報、⑦管理、⑧調整の3つの機能が付加されたものです。

⑥情報は、情報システムやデータ連携などを含みます。また、⑦管理は、「物流5大機能プラス情報」の全体最適を考えるための機能です。そして、⑧調整は、製造や販売などの他部署との調整や交渉を行う機能です。

これらを併せて、戦略物流8大機能と言いますが、8大機能になると何が良くなるのでしょうか？　もっと違いがわかるように説明します。

まず、管理機能のメリットを説明しましょう。物流5大機能では、5つの機能の最適化をバラバラに図ります。たとえば、輸送については、輸送だけで相見積りを取ってコストダウンを行います。これに対し、戦略物流8大機能では、5大機能の全体最適を図ります。

たとえば、物流拠点間での移送が多いときには、輸送のムダをなくすために、物流拠点の

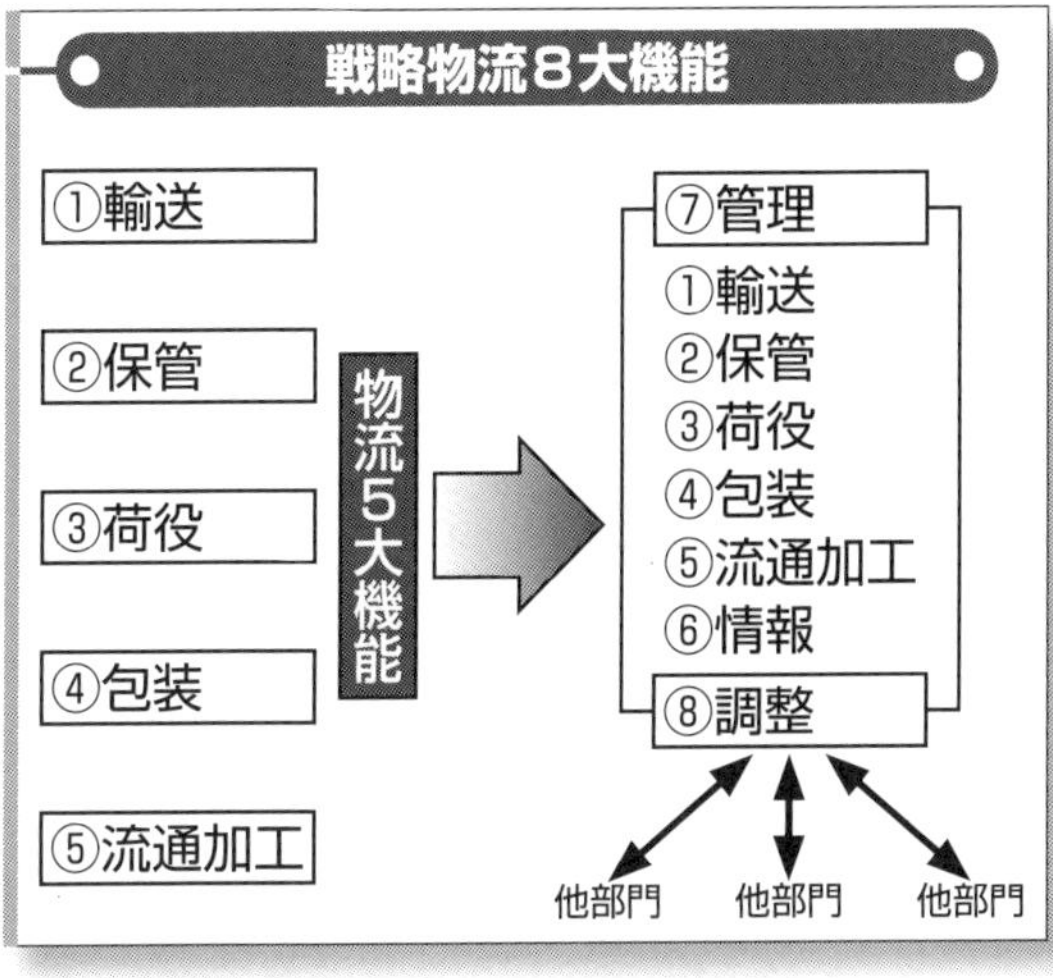

統廃合を行ってコストを削減するという具合です。

次に、調整機能のメリットについて説明しましょう。調整機能がない場合、いつごろに大型受注があり、いつ大量入庫があるかが、物流現場に伝わりません。そのような状況下で作業をすると、人員の手配が後手に回り、場合によっては徹夜残業や出荷残が発生してしまいます。これに対し、調整機能が働くときには、事前に情報収集ができるため、スムーズに人材投入することができます。また、現場で、仕入方法や受注方法を変えることで効率化が図ることができる場合でも、調整機能がなければ、到底実現することはできません。

1-11 戦略物流思考と物流思考

物流を捉えるときに、本書では2つの思考法があると考えています。1つは「物流思考」、もう1つは「戦略物流思考」です。

物流思考は、日本において一般的な物流に対する考え方で、「物流とは作業であり、コストセンターである」という見方です。したがって、企業は物流の生産性を上げて、コストダウンしようとします。コストダウンを図る方法としては、物流の個別単価を下げることに専念します。たとえば、梱包工程だけのコストを下げるために、ローラーコンベアを導入したり、運搬距離を短くしたりするなどの「部分最適」の積み上げをしていきます。

一方、戦略物流思考は、欧米における物流に対する考え方で、「ロジスティクス」と呼ばれます。ロジスティクスは直訳すると「兵站」、つまり軍隊の戦闘力を維持または増力するために、物資（兵器、弾薬、燃料、食料）の補給を計画・実行するだけでなく、兵士の動員や治療、さらに施設の建設に関わる業務全般のことを指します。ポイントは、その

物流思考と戦略物流思考

・物流思考と戦略物流思考を意識して別にする（組織・人）
・戦略物流思考は、あらゆる戦略に影響力を持つ

	定義	感覚
物流思考	物流を生産性で捉えて、物流業務を行う思考	**「物流は作業」** 機能ごとの部分最適 （物流部門のみ） 物流コストダウン （商品価格↓）
戦略物流思考	物流を戦略として捉え、企業戦略に合う物流戦略を組み立てる考え	**「物流は企業戦略」** ５大機能の全体最適 （８大機能） 物流サービスレベルアップ （商品利便性↑）

目的である「戦闘力の維持または増力」です。これをビジネスに置き換えると、販売先への供給力を維持・増力するための活動になります。そのため、物流コストの削減よりも、「物流サービスのレベルの向上」を優先し、顧客への商品供給力をスピードや品質で増力します。ウォルマートが、出店前に7店舗分の対応ができる物流センターを設置するのはこの戦略物流思考の発想です。

もっとも、ここで重要なことは、物流思考と戦略物流思考のどちらが良い・悪いということではなく、これまでの物流思考に戦略物流思考も加えましょうという主張です。両方の考え方を企業として持つことで、物流による競争力を増し続けることになるのです。

1-12 戦略物流思考を持つ組織（企画と現場の分離）

多くの物流部では、「物流思考はあったが、戦略物流思考がなかった」というのが実態です。経営トップや経営幹部からは物流戦略の話が出ることはなく、ひたすらコストダウンの命令が下り、それに対して、相見積を増やしたり下請業者に掛け合って何とかコストダウンをしてきた物流担当者が大半でした。あるいは、営業部から誤出荷に対するクレームや緊急出荷の依頼ばかりが来て、仕事に追われ続け、大胆な改革ができないと嘆いている物流担当者も多いことでしょう。

しかし、さらなるコストダウンは、もはや部分最適ではなく、全体最適の発想がなければ達成することはできません。また、近視眼的に見るだけでなく、より長期な視点で見なければ、改革案すら出てきません。このようなことができる会社こそが、「戦略物流思考を持つ組織」なのです。

では、どのようにすれば戦略物流思考を持たせられるのでしょうか？　それは、社内に

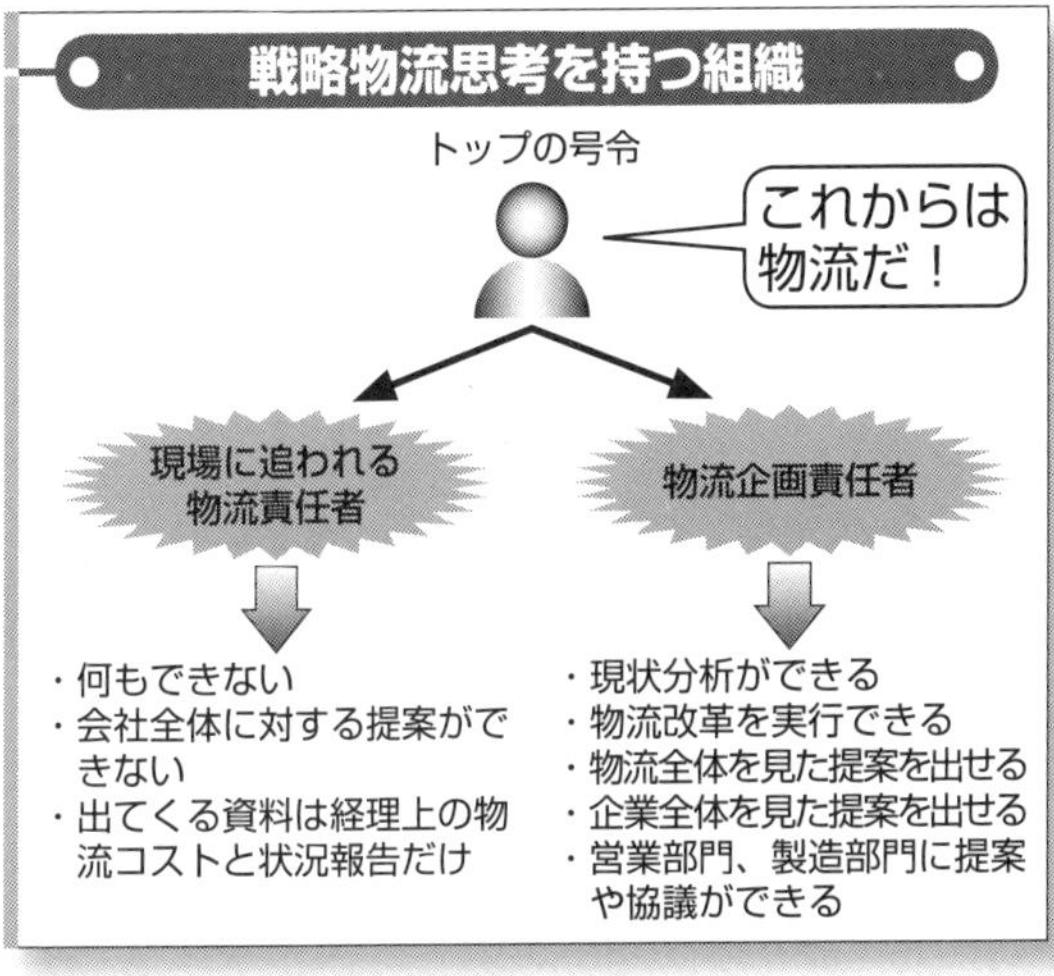
戦略物流思考を持つ組織
トップの号令
これからは物流だ！
現場に追われる物流責任者
物流企画責任者
・何もできない
・会社全体に対する提案ができない
・出てくる資料は経理上の物流コストと状況報告だけ
・現状分析ができる
・物流改革を実行できる
・物流全体を見た提案を出せる
・企業全体を見た提案を出せる
・営業部門、製造部門に提案や協議ができる

物流の現場部門と企画部門の2つを設置することで実現することができます。

営業部にも、直接営業する部隊と、マーケティングなど営業作戦を組む営業企画の部隊があります。製造部もそうです。現場と企画に分かれているのです。したがって、物流部にも企画部門と現場部門を持たせることで、企画部門が長期的視点から戦略を組み、現場がそれを着実にこなしていくことができるのです。

近年は、そのように企画部門と現場部門を分離させた組織を構築する会社が大手を中心に増えてきました。そして、そのような企業では、大きな改革をダイナミックに行っています。

1-13 競争優位（なぜ戦略物流思考で競合に勝てるのか？）

戦略物流という発想は、物流を従来の「作業」ではなく、「管理（マネジメント）」や「戦略（ストラテジー）」と捉えることによって、競合企業に対して競争優位に立てることをわかりやすく表現しています。

競争戦略論で有名なマイケル・E・ポーターは、競争優位に立つための基本戦略には、①コストリーダーシップ戦略、②差別化戦略、③集中化戦略の3つがあると述べていますが、それらの戦略は物流思考だけでは成り立ちません。

まず、①コストリーダーシップ戦略を考えてみましょう。物流部門が物流を単なる作業として、言われたことを粛々と行うだけでは、継続的なコスト低減には繋がりません。作業を管理する行為が加わることによって、継続的な作業コストの低減に繋がります。

次に、②差別化戦略を考えます。たとえば、自社の製品を他社よりも正確に届けようという物流戦略を策定した場合、その正確性の実現は物流管理レベルで徹底しなければなり

ポーターの3つの競争戦略

基本戦略	内容
コストリーダーシップ戦略	競争相手と同じ価値の製品・サービスを低コストで市場に提供するか、同じコストで高い価値の製品・サービスを提供することで競争優位を構築する戦略
差別化戦略	競争相手にはない独自性や特異性による付加価値によって競争優位を構築する戦略。製品設計、ブランドイメージ、技術、ノウハウ、製品・サービスの特徴、顧客サポート、流通チャネルなどによる差別化がある
集中化戦略	特定の顧客、特定の商品、特定の地域など特定のセグメントにターゲットを絞り、経営資源を集中させることで競争優位を構築する戦略。絞り込んだターゲットに対してコスト戦略をとるのを「コスト集中化」、差別化戦略を展開するのを「差別化集中戦略」という

出典：M・E・ポーター著『新訂　競争の戦略』（ダイヤモンド社）

ません。それには物流管理者に誤納品率の達成レベルを伝え、定期的に報告させます。誤納品だけでなく、納品リードタイムや梱包状態なども、差別化戦略の1つの要素です。

最後に、③集中化戦略です。あるホームセンターが特定の地域に集中して出店しようという集中化戦略を決めたときは、商品を供給するための物流はどのようにするのかも考えなければなりません。新しい店舗を出すたびに考えるのではなく、そのエリアで何店舗できるのかを考えて物流体制を構築していかないと、せっかく出店しても、商品供給が悪くて欠品が出てしまいます。

以上から、物流とは「戦略／管理／作業」の3つの一体化だと考えておきましょう。

1-14 物流の力があるところから買う理由

どんな会社も、「競合」と言われる会社と市場で戦っています。一般的には勝敗は営業力が一番の要因だと言われていますが、果たして本当にそうなのでしょうか？

短期的にはともかく、長期的な勝敗は営業力で決まることはむしろ少ないと言えます。長期的な勝敗に繋がる最も大きな要因の1つが、サプライチェーン体制の差です。

まず、商品開発能力から始まって、調達能力、MD（マーチャンダイジング、品揃え）能力、そして最後に供給能力です。これらの能力を他社より高く持つことで、長期的に圧倒的な勝利を収めることに繋がります。

そして、これらを支えるのが物流体制です。商品開発能力は別として、商品調達力やMD能力、供給能力は、物流体制の優劣で差が付きます。物流力が弱い会社では、多品種少量の品揃えや短納期での供給、きめ細かい商品調達は無理があります。不可能とは言いませんが、コストや品質の面で及第点すらもらえないでしょう。

物流力の比較

メーカー採点表 （「日経流通新聞」2008年3月24日号より）	花王	P&G	ライオン
総合評価	395	333	302
取引条件（仕入れ価格など）	36	21	54
ブランド育成力	80	68	22
新製品の開発力	78	65	32
市場の話題作り・活性化への貢献	71	64	38
商品供給体制	73	42	49
企業イメージ	80	80	42
売り場での販促策の提案・店舗応援	77	4	36
商品情報（改廃、売れ筋）の早さ・量	73	25	27
営業担当者	75	13	41
商品構成（ラインナップ）	79	51	40

このように、物流力を鍛えておくことで、これらのサプライチェーン体制を強化することができるのです。サプライチェーン体制が他社より優れていれば、徐々にシェアを高めることができて、競合に圧勝することでしょう。

『日経ＭＪ』紙の調査によると、花王、Ｐ＆Ｇ、ライオンに対するバイヤーの評価採点の中で、花王が圧勝していました。個別の評価では物流力が高くないと達成できない項目が多くあり、花王の物流力の高さに驚くとともに、バイヤーが物流力の高いところから買う理由も納得できます。

1-15 物流会社を変えるときの注意点

物流業務の委託先を変えるときには、どんな大手であっても、必ずトラブルが発生します。それは意図していなかったことではなく、それを織り込み済みで物流委託先を変更するケースが大半です。

そのような一時的なサービスレベルの低下があっても、企業が物流委託業者を変えようとするのには理由があります。それはネガティブな理由とポジティブな理由です。

ネガティブな理由、後向きの理由には、現在の物流委託業者の品質が悪いとか、コストが高いとかがあります。このようなネガティブな理由の場合、多くは委託する側のスキルや体質の問題があります。つまり物流事業者がどのレベルにあるのかが見えない、提案書では比較検討できても、現場では比較検討できないということです。委託する側に現場のことを知れというのではなく、現場がわかる第三者を入れればよいだけのことです。コストで業者替えをする会社は、この理由で変更を繰り返す傾向があります。繰り返すごとに

物流会社を変えるときの注意点

ネガティブな理由

- **今の品質が低い**
  ……品質を見極めるスキルがないのが原因かも
- **今の価格が高い**
  ……何度も変えて、企業力を落とす原因に

ポジティブな理由

- **今より品質を上げたい**
  ……より飛躍したい、第三者の眼力を借りよう
- **今より価格を下げたい**
  ……より飛躍したい、第三者の眼力を借りよう

品質が落ち、それが原因で得意先からクレームが発生します。

一方、ポジティブな理由、前向きな場合は、より品質の高い業者に変えようというものです。これまでは「安かろう、悪かろう」の物流会社で我慢していたけれど、企業体力もついてより大きな取引先と付き合うから、品質の高い業者に変えていこうというものです。この場合、失敗しやすいのは、現場を見てもその会社の現場力がわからないので、あとで「しまった」という事態が発生する場合が多くあるということです。現場は見栄えがよかったり設備投資が多いほうがよいのではありません。人材教育や改善活動という社風や企業体質を持っているかがポイントです。

1-16 物流サービス調査（定期的に競合調査を）

「当社の物流サービスに満足いただいているのか？」という質問の意味をちゃんと理解している会社は、日本で何社あるのでしょうか？ すべての会社とは言いませんが、多くの外資系企業では、ディストリビューター（流通会社、日本で言うと卸）や小売チェーン店に対して、物流サービスの満足度を調査しています。競合他社と比べて、「遜色がないか」「何がどれくらい劣っているのか（優れているのか）」を理解しているので、なにを今後強化していくべきかという計画を持っています。

調査は外部調査機関を使って行いますが、これは自社で実施するとバイアス（歪み）が入るからです。たとえば、A社の社員がヒアリング調査を行おうと卸会社に行っても、「A社さんは素晴らしい。けれども競合B社はよくないんだよね」とリップサービスが必ず入ります。だから、外部調査機関を使うのです。この調査には、コツがあります。

1つめのコツは、調査経験の多い、業界と物流に詳しいコンサルティング会社に依頼す

物流サービス調査を行う際のコツ

1. 外部コンサルティング会社を使う

・調査経験が多く、ノウハウのある会社
・業界のことを熟知している会社
・物流のこと（特に現場）を理解している会社

2. 仮説を明確にする

・ヒアリング項目はモレがないように
・重点的に聞く項目を絞る
・事前にコンサルタントと打ち合わせて、仮説を明確にしておく

3. 継続して調査する

・一度だけでは改善効果が見えない
・PDCAで改善の進捗具合と満足度の変化を確認する

ることです。調査には、質問項目、聞き方、アポの取り方など多数のノウハウがあります。また、調査から派生する内容は、専門的なことも多く、その内容によっては、膨らませて聞く必要もあります。

２つめは、仮説を明確にすることです。調査は、今後の戦略を組むために行うからです。調査項目は、漏れがないように聞きますが、すべて深堀りしてはヒアリング時間がかかりすぎ、ヒアリング相手の業務に差支えがでます。そこで深堀りする項目に関しては、仮説を立てた上で決めるのです。

３つめは、継続することです。ＰＤＣＡで、前回の調査を元に改善した項目が、どれくらい改善したかを知らなければなりません。

1-17 ロジスティクスとは（戦略物流との違い）

ここまで戦略物流や戦略物流思考について解説してきましたが、「戦略物流」と「ロジスティクス」を同義語に捉えてしまう読者も多いと思うので、整理して説明します。

ロジスティクスと戦略物流とは異なる概念です。

ロジスティクスとは、「原材料の調達から、完成品の配送、販売に至るまでの流れを効率的・効果的にするための仕組み。単に物流部門の局部的な効率化を図るのではなく、全体的な流れを統合して、体系的なシステムといることを意図している。」（「物流用語だけの物流用語集」より）とされています。

戦略物流との違いに気づかれたと思います。ロジスティクスは調達から販売までという工程（ビジネスプロセス）を規定していますが、戦略物流は工程を規定していません。

そもそも、「戦略物流」という概念は、ビジネスプロセスには左右されません。一方、ロジスティクスは、戦略よりも全体最適というものを優先しています。したがって、ロジ

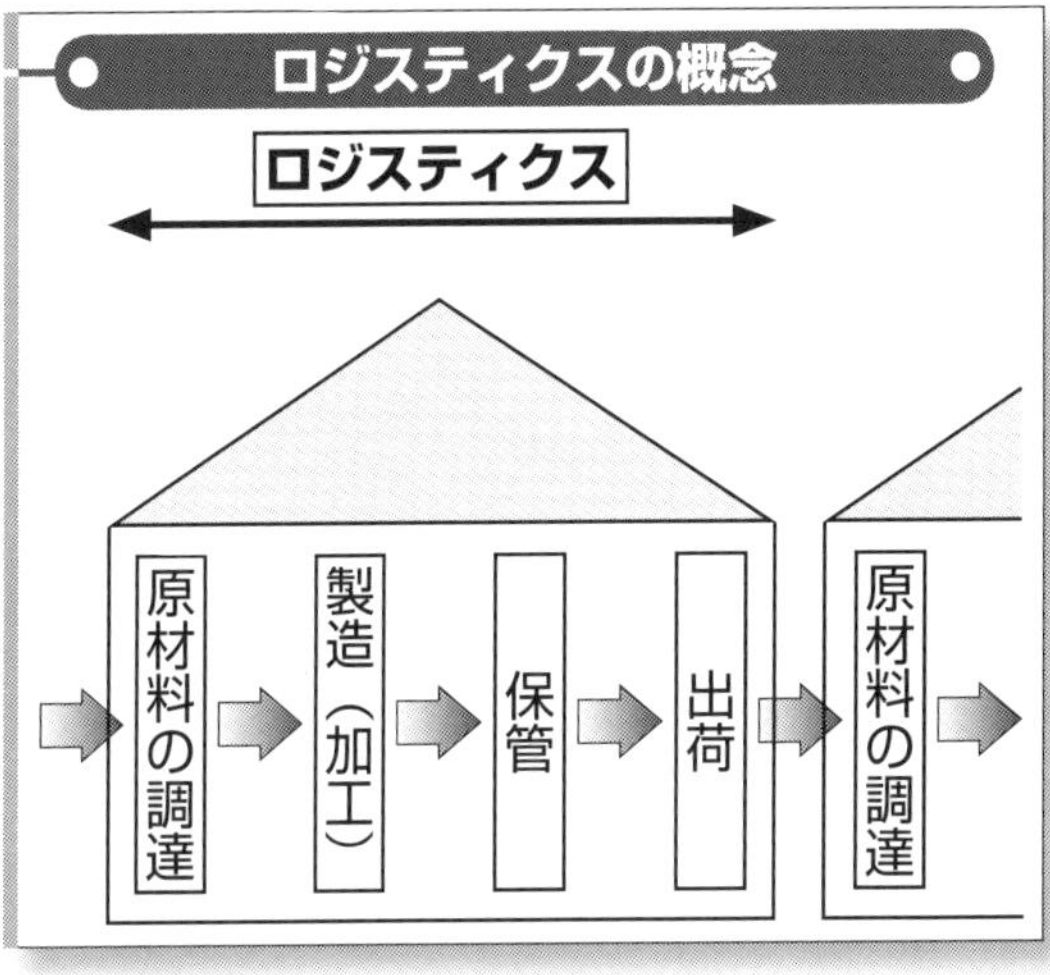

スティクスはビジネスプロセスに重きを置いているといえます。

バリューチェーン改革やビジネスプロセス改革（ＢＰＲ）においては、ロジスティクスネットワークの経路とその通過量を調査します。

のちほど説明しますが、当然ＳＣＭと戦略物流とも異なります。ＳＣＭもビジネスプロセスに重きを置いています。一般的には、ロジスティクスは一企業のビジネスプロセスに限定し、ＳＣＭは、サプライチェーン上の複数企業のビジネスプロセス全体を指しています（59ページ参照）。

1-18 物流の4つの領域（調達物流、生産物流、販売物流、回収物流）

物流には4つの領域があります。

その4つとは、調達物流、生産物流、販売物流、回収物流です。次ページの図を見ていただくとわかりやすいと思います。

一般的に物流と言えば、「販売物流」のことを指しています。しかしながら、販売にまつわる物流だけでなく、調達に関しても物流が発生しています。

ほとんどの企業は、仕入先が指定納品先まで持ってきてくれるため、調達物流のことを考えていません。ある意味、それは仕入先が考えることと思って無視しています。だから、相手が大変だということを頭の片隅で理解しながらも、多頻度納品を要求するのです。

しかし、この仕入先が行ってくれている調達物流のコストは、当然ながら仕入単価に含まれています。物流コストが上がれば、廻りまわって仕入単価が上昇します。したがって、自動車などのメーカーでは、調達物流にも目を向けて、ミルクラン方式での、部品を引き

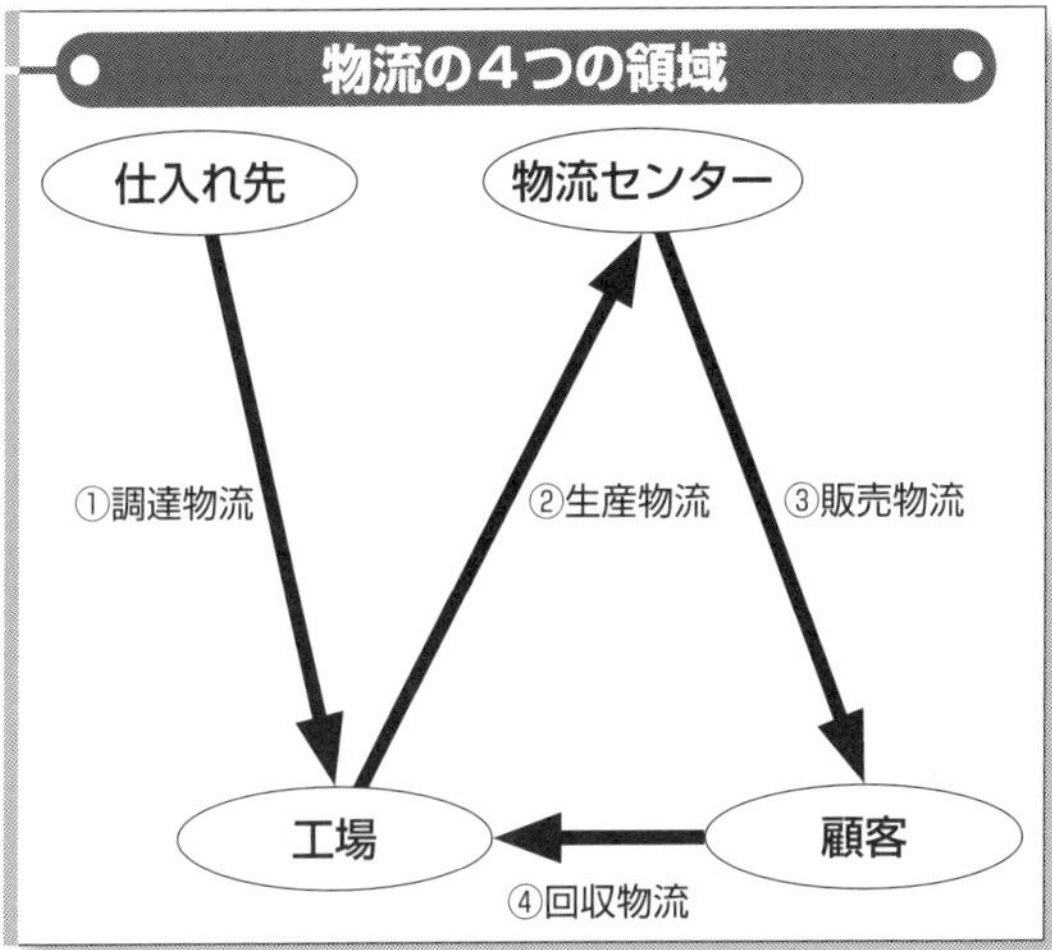

取る物流体制を構築し、物流コスト分の値引きを実現しています。自ら引き取るだけでなく、最低ロットを設定することで、仕入れ価格を下げている日用雑貨などの卸会社も出てきています。

当然、調達物流だけでなく、生産でも物流が発生します。複数工場を持つ企業では、生産コストだけでなく、生産物流のコストも勘案した結果、商品別の工場から、複数商品を生産する販売エリア別の工場に変えた企業もあります。

コストだけでなく、品質においても、各領域での物流を再検討することで、企業力を上げている事例は増えています。

第2章

新しい取り組み（SCM・3PL）

2-1 バリューチェーン

ハーバード大学のマイケル・E・ポーター教授が提唱したバリューチェーンは、商品やサービスを提供する企業の活動が、最終的にどのような価値を生んでいるかを表す考え方です。具体的には、調達から販売までのすべての企業活動が価値を付加していくと捉えています。

次ページの図のように、購買物流、製造、出荷物流、販売・マーケティング、サービスという各企業活動が、購入する顧客に価値を生み出し、その価値とコストの差が、マージン（粗利）となります。

もちろん、業界や個々の企業によって、活動ごとのコストや付加価値は異なるので、それを分析して、付加価値を生む活動に注力し、付加価値を生まない活動をアウトソーシングするということを考えます。それによって、自社の競争優位をさらに強めていきます。

たとえば、プラスチック製の日用雑貨を製造する会社では、商品開発・商品調達・製

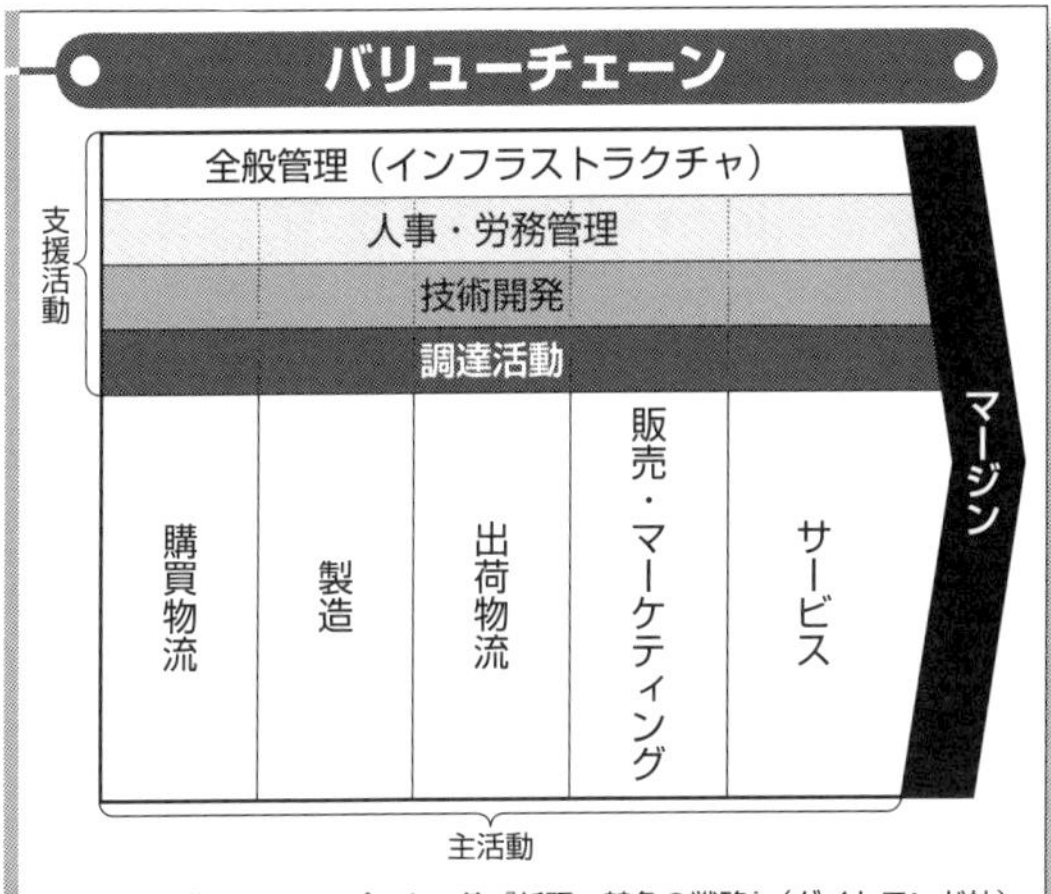

出典：M・E・ポーター著『新訂　競争の戦略』（ダイヤモンド社）

造・マーケティング・販売・販売物流・問合せという主活動に10億円のコストをかけて、2000万円の利益を得ているとします。そして個々の企業活動を分析してみたところ、競争優位はブランディングも含めたマーケティングにあり、物流は競合他社よりコスト優位にあるものの、商品開発はコストをかけている割には競合他社と差別化された商品が開発されるに至っていないという結果が出たとしましょう。

そのような場合は、マーケティングや物流に注力し、商品開発は他社に委託することをアドバイスします。それによって、コストが低減され、利益が増えることが予想されます。

2-2 SCMとは①（情報共有化と物流効率化を複数企業で実現）

前項で説明したバリューチェーンは個々の企業の活動を表していますが、バリューチェーンが複数企業にまたがったものを「サプライチェーン」と言います。直訳すると、「供給連鎖」となり、原材料生産から最終消費者までの物理的ネットワークのことになります。

ここで、ＳＣＭ（サプライチェーンマネジメント）の定義を紹介しましょう。

マサチューセッツ工科大学のＤ・スミチ・レビ教授は、『マネージング・ザ・サプライ・チェーン』という著書の中で、次のように述べています。

「サプライチェーンマネジメントとは、供給、生産、倉庫、店舗を効率的に統合するための一連の方法であり、適切な量を、適切な場所へ、適切な時期に、生産・配送し、要求されるサービスレベルを満足させつつシステム全体の費用を最小化することを目的としている」

ロジスティクスの定義と非常に似ており、ロジスティクスの発展形として、サプライチ

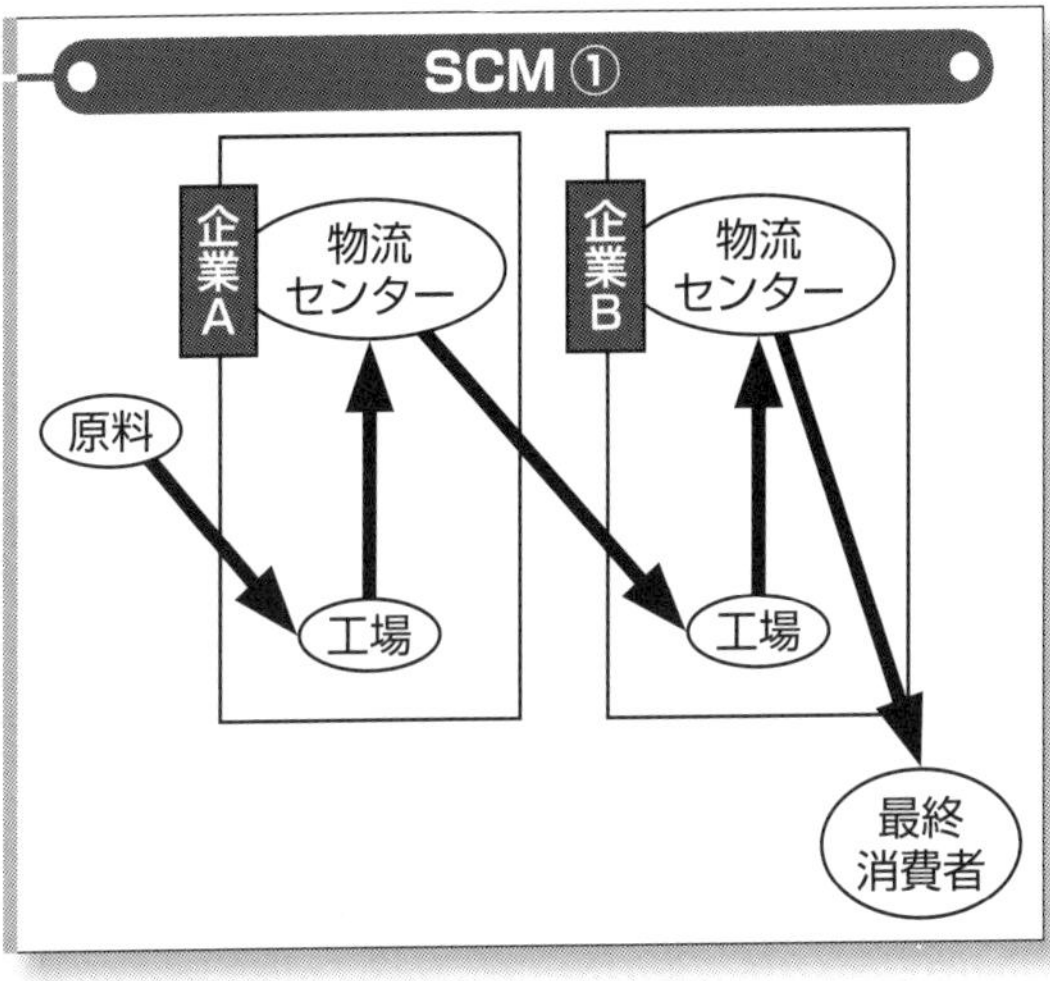

ェーンマネジメントを捉えているようです。

一方、違う角度の定義もあります。バリューチェーンの発想とSCMで成功しているると言われるウォルマートやデルコンピュータ、シスコシステムズの事例を考察すると、筆者の運営する物流用語集の定義の方が現実的かもしれません。

それは「サプライチェーンマネジメントとは、情報共有化と物流効率化を通じて、直接取引のない仕入先の仕入先から顧客の顧客まで、パートナーによるアライアンスを組んでいくことで、全体在庫の削減や全体リードタイムの短縮という全体最適を目指すこと」です。

2-3 SCMとは②（情報共有化と物流効率化を複数企業で実現）

前項で述べた情報共有化と物流効率化の例として、ウォルマートとP&Gの「ECR」があります。これはP&Gがウォルマートの販売データを取得することで商品補充判断を行うもので、ウォルマートにとっては発注という企業活動のコストのダウンと在庫削減につながり、P&Gにとってはリードタイムの短縮につながっています。

さらに、『靴下屋』を運営するタビオ株式会社（大阪市・越智直正社長）では、店頭の販売情報を把握し、1足ごとに即座に補充するという体制を作っています。サプライチェーンの仕入先の仕入先である染色工場や糸商、ニッター（編立て工場ニッター）において、販売状況を常に共有し、必要な素材や生産する数量を、各流通段階で独自に判断することで、物流センターに商品がなくても1週間で店頭に並べられるという短いリードタイムと、棚卸資産回転日数（製造+卸+小売）はわずか15・8日という少ない在庫（中小企業基盤整備機構調べ）を実現しています。

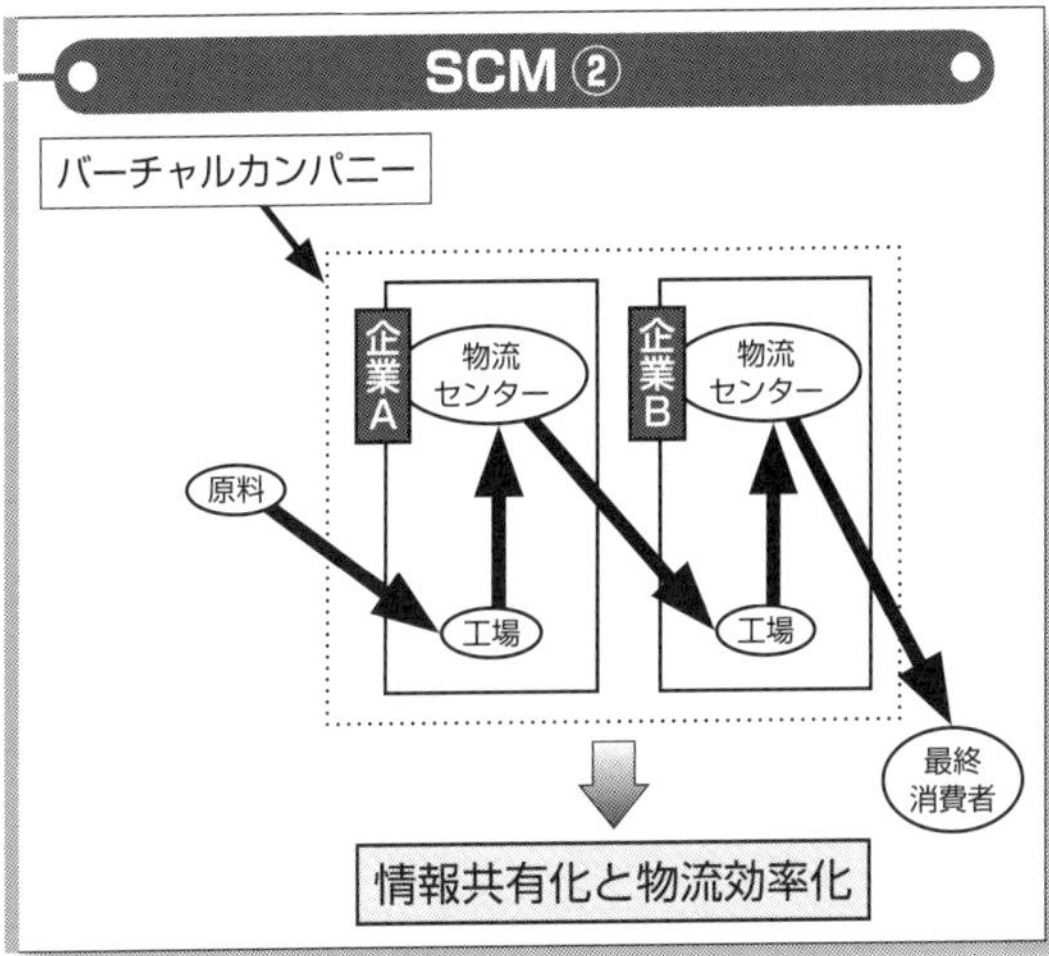

このように、サプライチェーン上にいる会社との高い信頼関係を構築して、複数企業が1つのバーチャルカンパニー（仮想企業）となることで、競争優位を持つバリューチェーンを実現している会社が増えてきました。

たとえば、ネットワーク機器メーカーのシスコシステムズは製造設備をほとんど持っていませんが、協力会社と情報を共有しています。デル・コンピュータも組立は自社で行っていますが、部品メーカーとともに1つの会社のようにオペレーションをしています。結果、シスコでは在庫回転数10回転（業界平均4回転、1999年）、デルで在庫日数5日（2001年1月期）と、非常に低い在庫レベルを実現しています。

2-4 SCMプロジェクトの幻想と現実

フォレスターリサーチによると、サプライチェーンプロジェクトのうち、「64％が予想以上に時間がかかった」「50％が予想以上にお金がかかった」とレポートしています。

実際、サプライチェーンマネジメントを実現するためのプロジェクトが途中で中断して数億円単位の経費がムダになった、というニュースが経済誌で報じられたことを記憶する読者は多いでしょう。しかも、2つの総合電機メーカーに関するニュースが、時期を同じくして流れました。また、あるスポーツ用品メーカーでSCMシステムを導入したところ、1億ドル以上の売上機会損失が発生したという有名な事例もあります。その原因が需要予測システムにあったというのも有名な話です。

これらの事例から、サプライチェーンプロジェクトとは非常に難易度が高いものだということをご理解いただけるでしょう。しかし、「SCMプロジェクトはなぜ難しいのか」ということを紐解く必要があります。それがわかれば、プロジェクトは成功します。

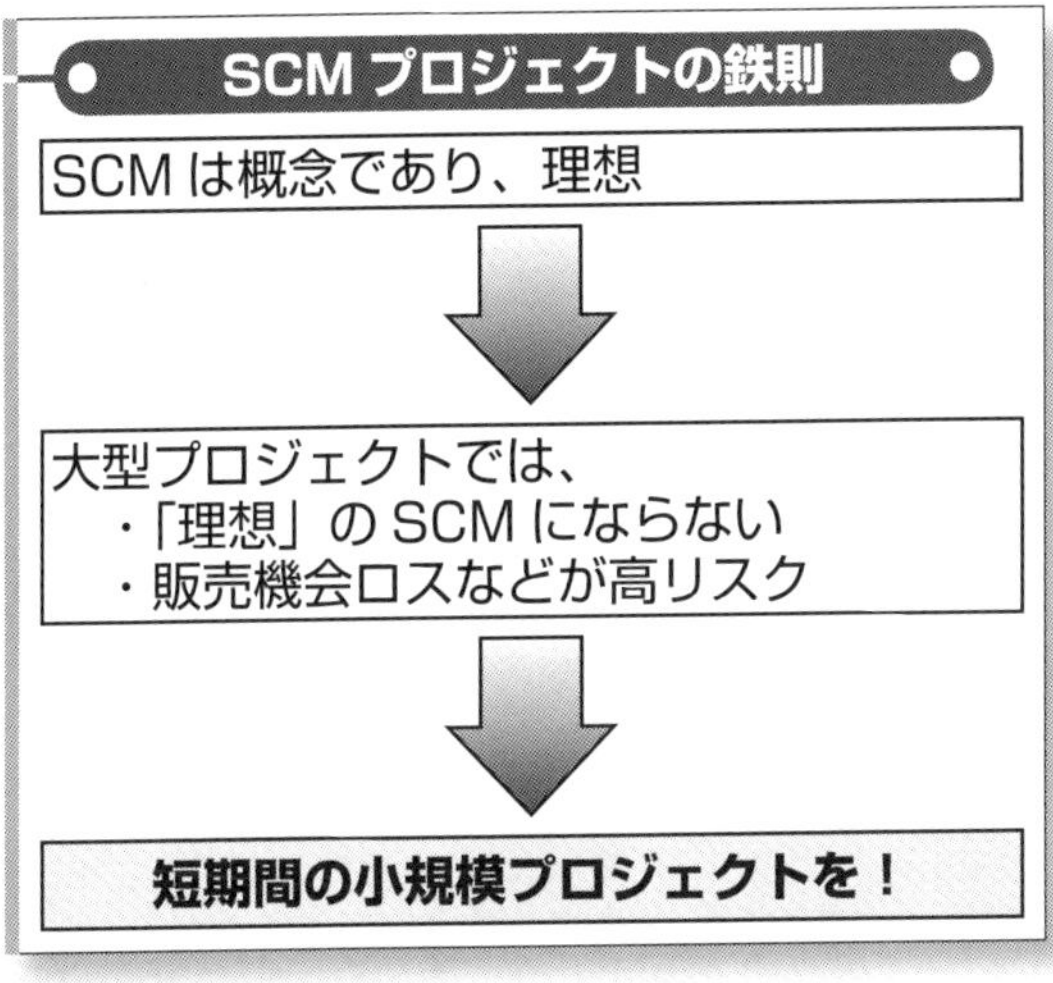
SCM プロジェクトの鉄則
SCM は概念であり、理想
大型プロジェクトでは、
・「理想」の SCM にならない
・販売機会ロスなどが高リスク
短期間の小規模プロジェクトを！

失敗したプロジェクトの多くは需要予測をベースとしていますが、これが失敗の主因の1つとなっていることがほとんどです。需要予測の精度を上げることはできますが、プラスマイナス5％レベルまで実現することは非常に難しいのです。

したがって、「情報共有化と物流効率化を通じて、直接取引のない仕入先の仕入先から顧客の顧客まで、パートナーによるアライアンスを組んでいくことで、全体在庫の削減や全体リードタイムの短縮という全体最適を目指すこと」に徹して、SCMプロジェクトを実行していくことが、成功に繋がるのです。

2-5 静脈物流（リバース・ロジスティクス）

先に解説した4つの物流領域は、動脈物流と静脈物流に区別されます。動脈は顧客に渡るまでの「調達物流」「生産物流」「販売物流」を指し、静脈は「回収物流」を指します。この静脈物流を「リバース・ロジスティクス」と呼ぶこともあります。

このリバース・ロジスティクスは、3R（リデュース、リユース、リサイクル）のうち、リユース（再利用）とリサイクル（再資源化）を支えています。

多くの企業は、容器包装リサイクル法、家電リサイクル法、建設リサイクル法、食品リサイクル法、自動車リサイクル法、資源有効利用促進法などの法令を遵守するために、回収物流を実施する必要があります。また、量販店での商品の入替や顧客からの返品などでも、回収物流が発生します。

回収物流は販売物流と違って、梱包されていない商品を1つひとつ回収したり、過去数十年経過して生産していない商品の仕分けをするという手間のかかる物流です。手間がか

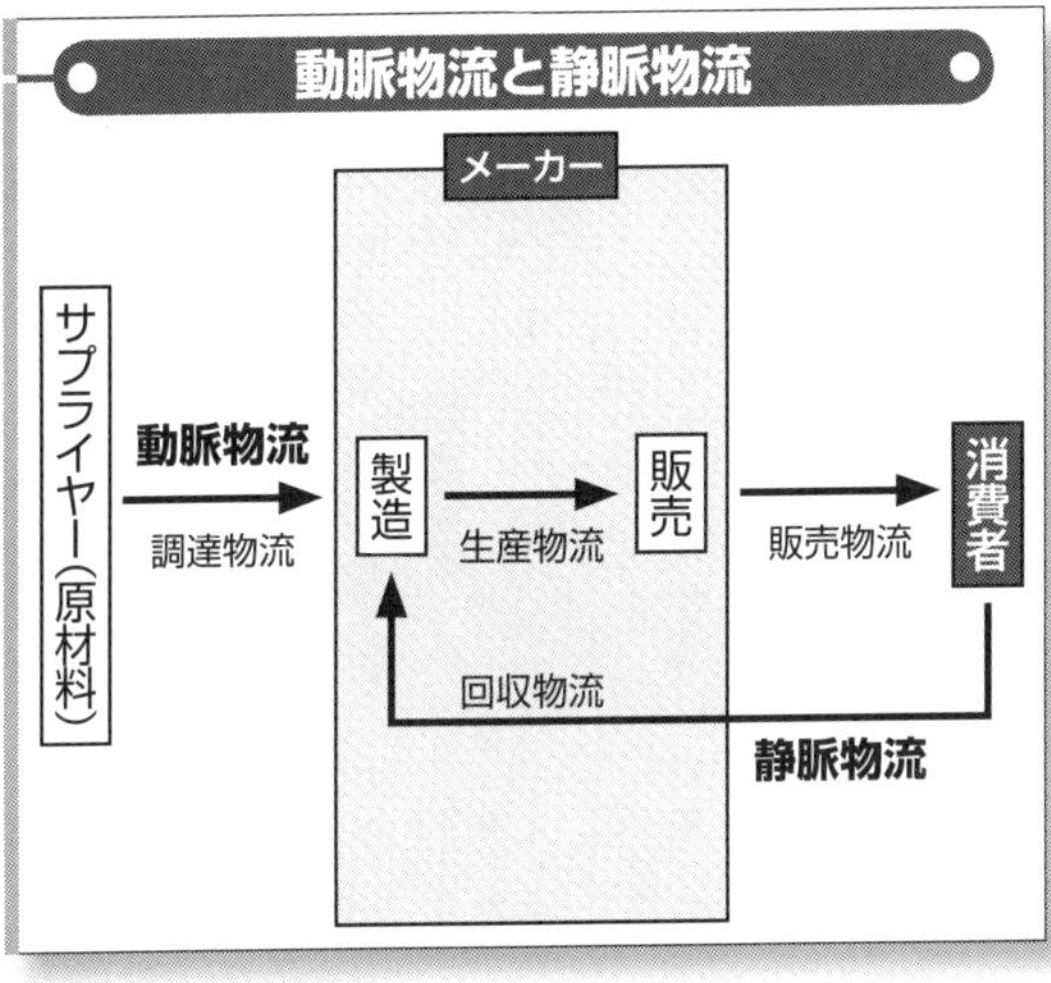

かるということは、コストも多くかかってしまいます。

そして、回収物流には高度なノウハウも必要になります。回収されるのがどんな商品なのかわかりませんし、どこが壊れているのかもわかりません。もともと誰に販売したものかもわかりませんし、コピー商品や他社製品の可能性もあります。あるいは正規修理工場ではない工場で修理されているかもしれません。返品不可の商品かもしれません。

この回収物流に関するノウハウ構築は大きな差別化になります。実際にこのノウハウを積極的に高めて成長している物流会社（リコーロジスティクスなど）もあります。

2-6 グリーン物流

1997年12月11日に国立京都国際会館で開かれた地球温暖化防止京都会議（第3回気候変動枠組条約締約国会議　COP3）で議決された、いわゆる「京都議定書」により、日本はCO_2（二酸化炭素）排出量を1990年と比べ、2008年から2012年までの間に、6%という目標で減らすことになりました。

日本がこの目標を達成するのは困難だと言われていますが、議決当時の議長国だったこともあり、責任をもって達成するために真剣に取り組んでいます。その施策は多岐に渡ります。

その中で物流に関わる対策としては、荷主と物流事業者の協働による省CO_2化の推進（「グリーン物流パートナーシップ会議」「改正省エネ法」「流通業務の総合化及び効率化の促進に関する法律」など）や、モーダルシフト（自動車輸送から二酸化炭素排出量の少ない内航海運または鉄道による輸送への転換）という方針を軸にCO_2削減が進められてい

わが国の部門別二酸化炭素排出量（2005年度）

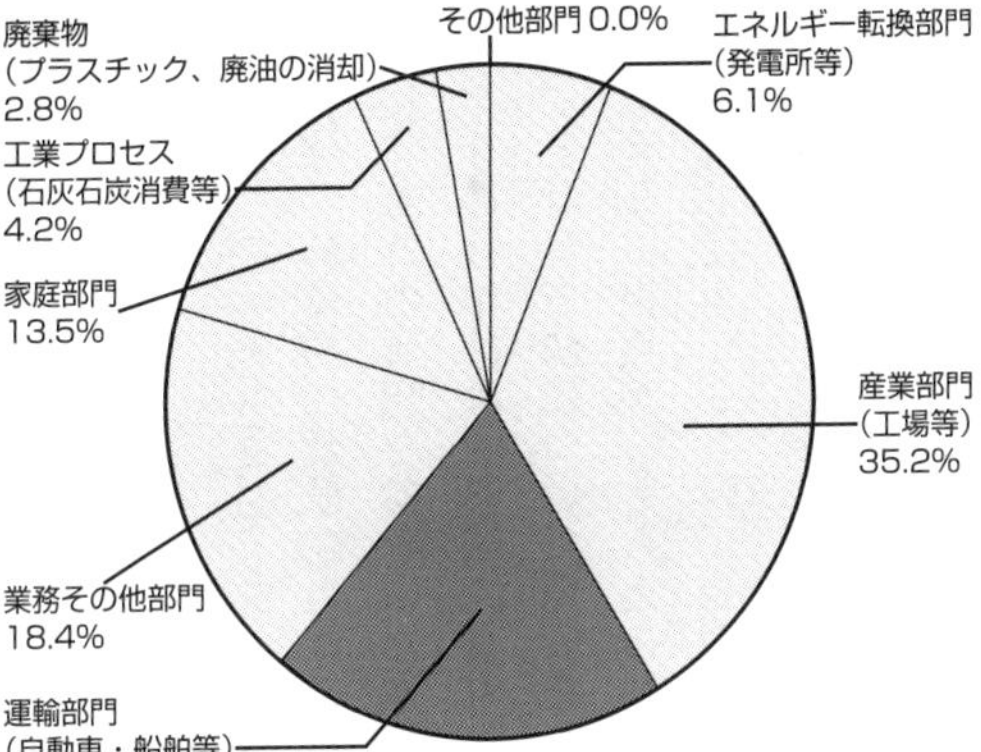

（環境省資料より）

ます。

日本ロジスティクスシステム協会では、「グリーンロジスティクス・チェックリスト」を作成し、環境負荷軽減のために必要な活動項目を発表しています（巻末資料①②参照）。

グリーン物流は地球環境に優しい（環境負荷の少ない）物流のことを言いますから、CO_2排出量の削減だけを指すのではありません。排気ガス排出もそうですし、省資源や再利用や再資源化という3Rもそうです。

荷主企業も物流会社も、地球環境に優しい物流を行うことで、企業ブランドの向上や、それを支持する人や会社からの売上拡大という実利も得られることも考えて、より積極的にグリーン物流に取り組んでいくことが重要です。

2-7 物流ＫＰＩ

ＫＰＩとは、Key Performance Indicator の略で、「重要業績評価指標」と訳されます。簡単に言えば、具体的に数値化された目標と言えます。このＫＰＩの物流版が数年前に取り上げられ、海外の研究を参考に日本国内で研究されてきました。２００７年に流通研究社から、２００８年には社団法人日本ロジスティクスシステム協会から、指標に関するリストアップと計算方法について発表されています（参考資料③④参照）。

２つとも異なる視点からとらえられた、大変参考になる素晴らしいものです。この指標を多くの企業で使ってもらい、そのデータベースを作り、各社のレベルがわかるようにしようと活動もされています。これが実現すると、日本の物流品質の底上げが図られ、社会効率性の向上に寄与することでしょう。

しかし、多くの企業では、自社の経営効率を上げるという目的のために一番適した方法で、すでに算出しているはずです。在庫回転数１つ取ってみても、期末在庫金額を使うの

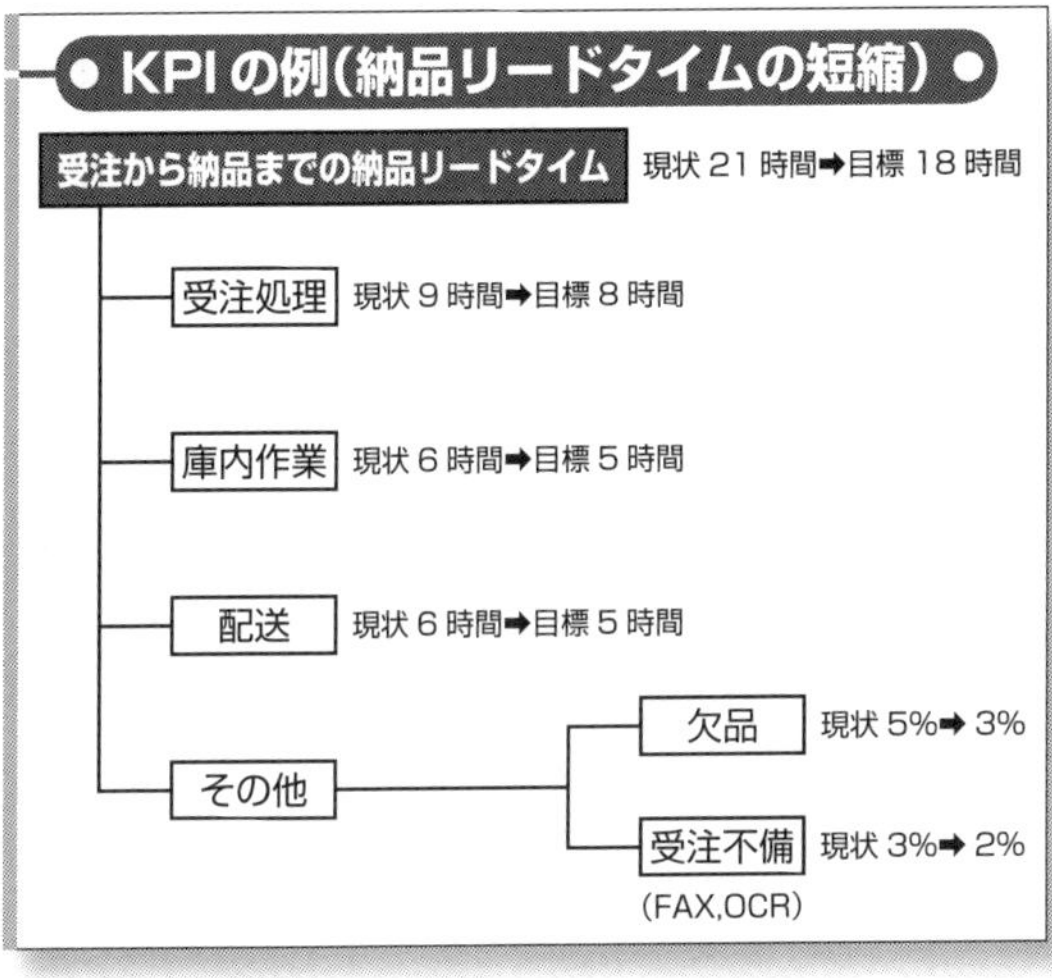

か、期初在庫個数を使うのかなどは、企業によって違ってきます。

他社とのベンチマークをしたい企業は、データベースに計算式をあわせて参加するでしょうし、自社の昨対（前年対比）からの改善にこだわるところは、そのまま進めることと思います。このように、その企業がどのような考え方をしているか、また何を見たいのかによって、ＫＰＩは変わります。

したがって、自社の経営戦略に基いて、物流ＫＰＩの数式と組み合わせを、自社独自で作り出すのが自然の流れだと思いますし、それを進めていくことが重要です。そして、継続的に改善していくことも忘れてはなりません。

2-8 3PL（サードパーティー・ロジスティクス）

3PLは、1990年代からアメリカやヨーロッパで頻繁に使われていた言葉ですが、根源的な定義は不明で、当時から明らかになっていませんでした。国土交通省の3PL調査（2003年頃実施）でも同様だったそうです。このため、日本では様々な人が独自に、様々なところで定義づけをしました。

多くの定義では、物流を丸請けする会社のことを3PLと呼んでいますが、本書では以下の定義をとります。

「3PLとは、企業の物流を一括して受託し、その物流が最適化されるように、プランニング、コンサルティングを行い、物流機能を持った会社をマネジメントする会社。言い換えれば、プロフェッショナルとしての物流統括室の役割が出来る企業である」（『よくわかるIT物流』日本実業出版）

さらに、「これまでの単なる『元請け／下請け』のような物流の切り盛り（コントロー

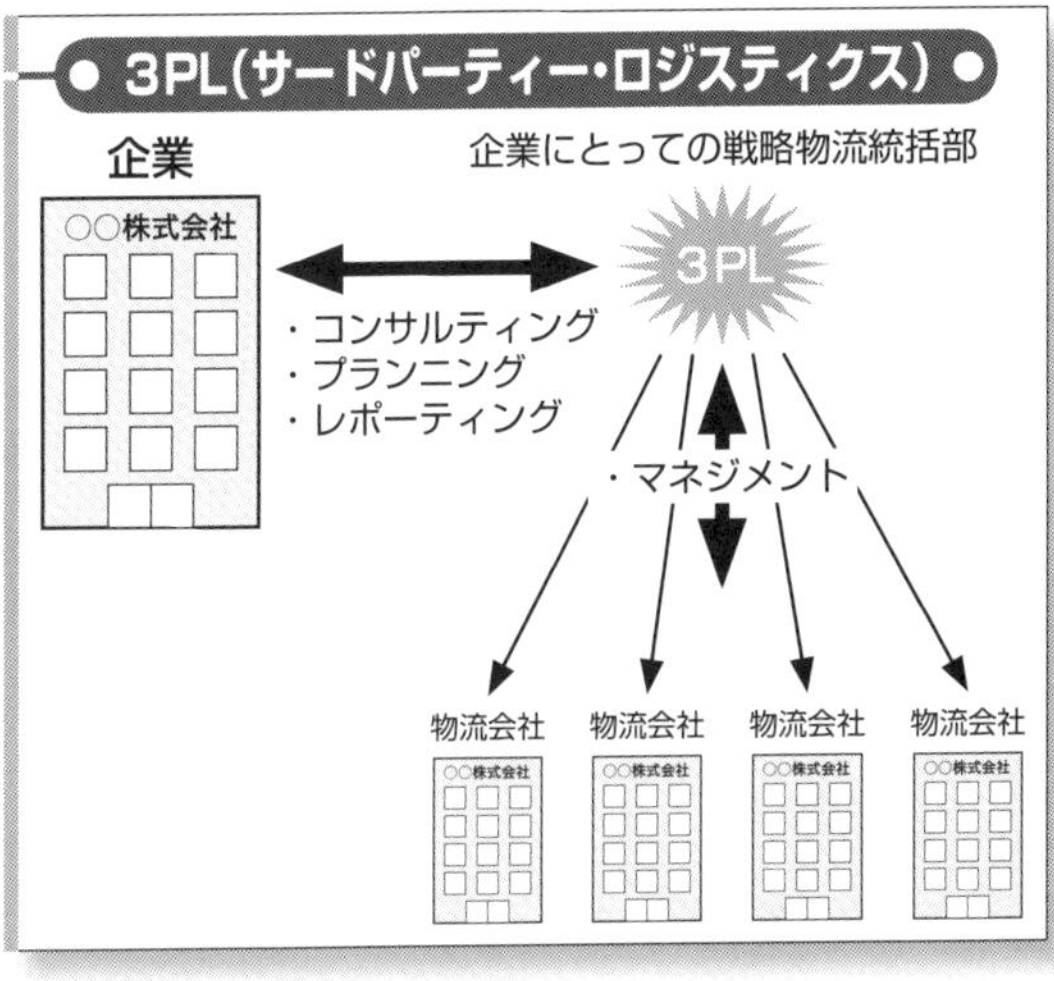

ル）だけをすることを指していない。戦略物流のプロフェッショナルとしての役割も期待されている」と定義に補足を入れています。

行政では3ＰＬを普及させるために、人材育成プログラムや3ＰＬ契約書など、サポートしています。民間では、3ＰＬ協会（大須賀正孝会長）が2005年に発足しました。

これまでの運送事業だけでは、収支が出ないため、一括受託をする3ＰＬビジネスに参入する企業が数多く出てきています。しかし、不慣れで失敗している例が見られるので、参入の際や活用の際には気をつけたいところです。

第3章

マーケティング・CS（顧客満足）との関係

3-1 プロダクトアウト→マーケットイン→マーケットアウト

以前であれば、メーカーが主導して商品を販売する「プロダクトアウト」でも、面白いように売れていました。その当時はＴＶなど大衆にリーチできるマス媒体を使うマスマーケティングが主流でした。

しかし、それでは売れなくなってきており、消費者が多様化していることにメーカーが気づき、消費者のニーズやウォンツに耳を傾けて商品を販売する「マーケットイン」の発想を持ち始めました。このニーズやウォンツは、フィリップ・コトラーが著書『マーケティング・マネジメント』（１９６７年）で初めて言及したものです。

さらに、最近では「マーケットアウト」という発想が広まってきました。この言葉の定義にはいくつかありますが、消費者のニーズを聞いて商品化して販売するマーケットインに対し、一方、マーケットアウトは消費者の困りごとを解決するモノを商品化して販売することと言えます。

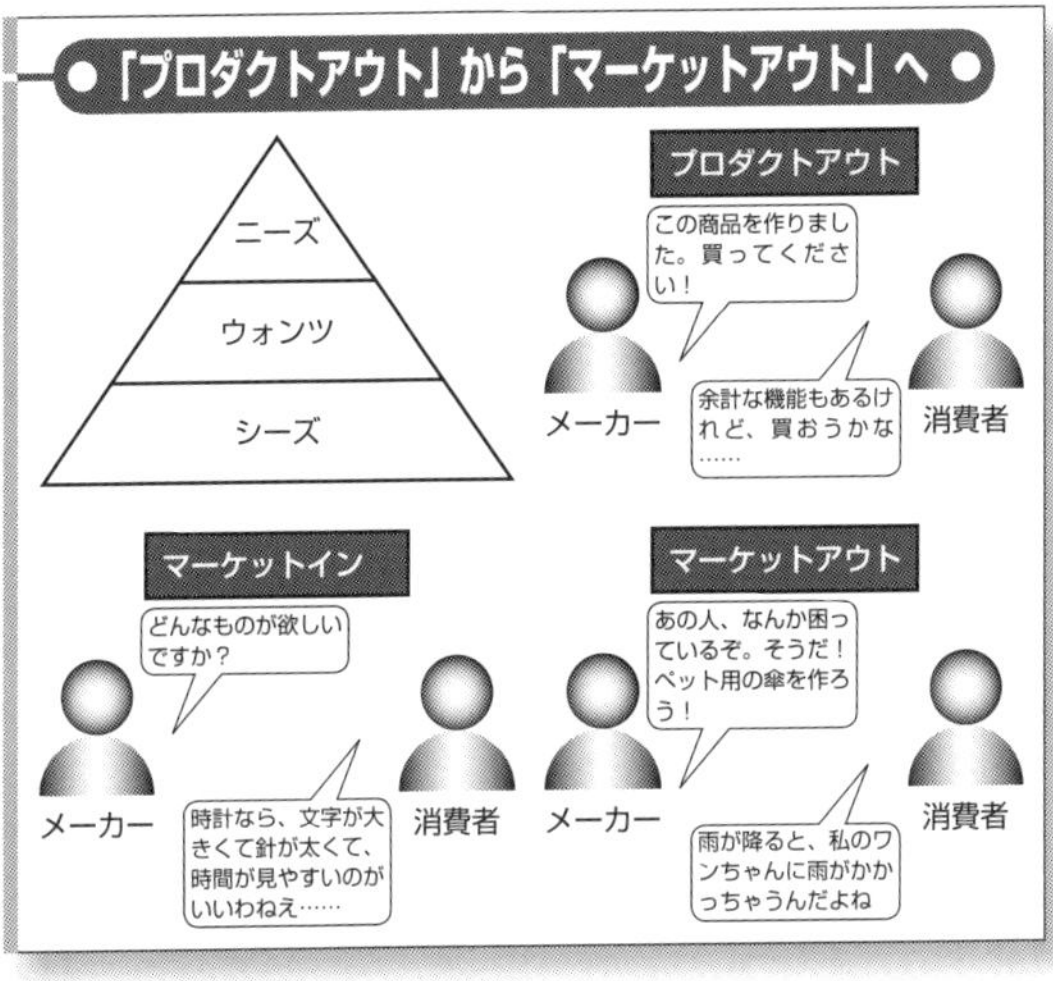
「プロダクトアウト」から「マーケットアウト」へ
ニーズ
ウォンツ
シーズ
プロダクトアウト
この商品を作りました。買ってください！
メーカー
余計な機能もあるけれど、買おうかな……
消費者
マーケットイン
どんなものが欲しいですか？
メーカー
時計なら、文字が大きくて針が太くて、時間が見やすいのがいいわねえ……
消費者
マーケットアウト
あの人、なんか困っているぞ。そうだ！ペット用の傘を作ろう！
メーカー
雨が降ると、私のワンちゃんに雨がかかっちゃうんだよね
消費者

このような「マーケットアウト発想」を持つ企業の例としては、「不の解消」をミッションとする健康食品販売のファンケルや、購買代理商社を標榜するミスミが挙げられるでしょう。

このように、「プロダクトアウト→マーケットイン→マーケットアウト」という時代の流れは、消費者の変化を表しています。発売当初のテレビのように企業が製品を消費者に提案するのでなく、小林製薬の熱さまシートのように、顧客自身が「あったらいいな」と心の中で思っている商品を提案しなければならない時代になったのです。

3-2 4Pと4Cと、物流との関係

マーケティングを勉強するとき、基本として学ぶものに「4P」があります。この4Pは1961年にジェローム・マッカーシーが提唱したものです。4Pとは、Product、Price、Promotion、Placeという4つの単語の頭文字から来ています。日本語ではそれぞれ製品、価格、広告、流通と訳されます。この4つの組み合わせを「マーケティングミックス」といい、どのようなマーケティング活動を行うかという戦術になります。

しかし、この4Pは前述のプロダクトアウトのように「メーカー視点」であるということから、マーケティングアウトのような「顧客視点（買い手視点）」での「4C」がロバート・ラウターボーンによって提唱されました。こちらのほうが、顧客視点が重視される現代では、理解かつ考えやすいのではないでしょうか。

この顧客視点の4Cとは、顧客価値（Customer Value）、顧客コスト（Customer Cost）、コミュニケーション（Communication）、利便性（Convenience）のことを指します。

物流とマーケティングの関係

・マーケティングの「4P」
1961年にジェローム・マッカーシーが提唱

製品 Products	価格 Price
広告 Promotion	流通 Place

・マーケティングの「4C」
ロバート・ラウターボーンが買い手視点を提唱

顧客価値 Customer value	顧客コスト Customer cost
コミュニケーション Communication	利便性 Convenience

メーカー視点の4Pと比較をすると、同じ1000円のペンでも大人にとっては安いものでも、小学生にとってはとても高いものです。顧客コストという観点であれば、この違いを表しやすいです。また、プロモーションをどのように行うかよりも、ターゲット顧客とどのようにコミュニケーションをとるべきかを考えたほうが、常識に捉われない多岐にわたった顧客接点が考えられるでしょう。

この4Pと4Cにおいては、それぞれ流通(Place)と利便性(Convenience)が物流を表します。いかに顧客の利便性を上げる(顧客が買いやすい/顧客の目に触れる)物流ができるかを、物流担当者として考えることが商品の売上向上に繋がります。

3-3 消費者の変化と、物流の変化

消費者が変わったことにより、商品開発の切り口が「プロダクトアウト」→「マーケットイン」→「マーケットアウト」に変化したのと同じように、消費者が変われば、先に説明したマーケティングの4P（製品、価格、広告、流通）もすべて変わってきます。

4Pの中で物流に関わる流通も変わります。消費者の嗜好や行動が変われば、買う場所が変わってきます。たとえば、ボールペンを値段より行動範囲にあるところで買いたいと思えば、通勤途中にあるコンビニエンスストア（CVS）で定価であっても買うようになるでしょう。そういう人が増えれば、CVSはもっと売れるようにボールペンの商品アイテムを増やしていくなどして売上を伸ばそうとするでしょう。

CVSでボールペンが売れるようになってくると、専門店への販売に力を入れていたメーカーは、営業マンをCVS向けに振り向けるようになります。そして、生産した製品は、宅配会社か路線便会社で各専門店に送っていたのが、トラックをチャーターしてCV

Sの物流センターに一括納品するようになります。

この一連の流れは、上の図のようになります。消費者の嗜好や行動の変化は商流を変え、商流の変化は小売事業者を変え、そして流通構造自身を変えてしまいます。最終的には、物流（サプライチェーン）全体を変えていくことになります。

消費者が変われば物流が変わる。そう発想すれば、どんどん進化する消費者に対応するためには、物流も進化できるように物流体制（人、拠点、設備など）を常に鍛えておく必要があります。

3-4 消費者嗜好の変化と、物流コストの上昇

消費者がどのように変化しているかというと、これまではメーカーが用意した商品を買うという構図だったのが、現在は自分に合ったものや好きなものしか買わないというようになりました。

たとえばシャンプー。昔であれば、花王のメリットシャンプー1本あれば、お父さん、お母さん、娘、息子、そしてお爺さんやお婆さんまで、何の不満もなく、全員が使っていました。しかし、今は、一人ひとり違うシャンプーが風呂場に置かれています。4人家族であれば、4種類のシャンプー、さらに4種類のリンスが置いてあるのです。

このように、メーカーは昔は1種類の商品を大量に量販店に送り込めばよかったのですが、今では様々な種類の商品を混載して納品しなければならなくなりました。

それによって、物流現場ではどのような変化が起こったかというと、パレット単位でフォークリフトを使って積み込みしなければならなかったのが、ケース単位でトラックに積

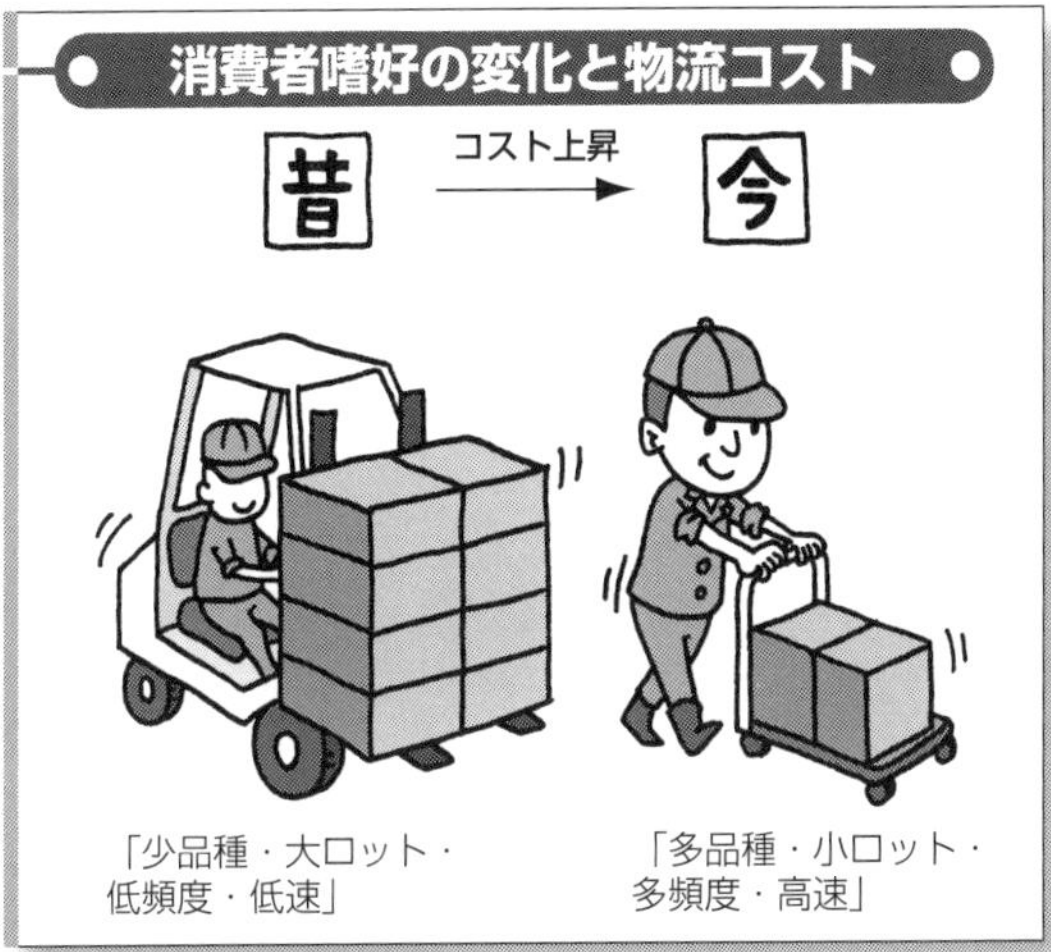

み込むようになりました。想像していただければわかりますが、この手間は数十倍になりました。

さらに、消費者の早い変化に対応するために、商品切り替えができるように、多頻度発注、すなわち多頻度納品となりました。

このような消費者の変化が、物流の手間を増やし、コストを大幅に引き上げています。

さらに、最近は、コンビニエンスストア（CVS）やドラッグストア（DGS）の台頭により、ケース納品からバラ納品へと、さらに手間とコストが増えています。

以上のような、物流コスト増や物流品質低下への対応が、今後の企業の競争力の重要なポイントの1つになるのは間違いありません。

3-5 マーケティングと物流との関係

マーケティングの4Pの中の流通（Place）は distribution（ディストリビューション）を指します。よく物流を英訳すると、Physical Distribution（フィジカルディストリビューション）と言いますが、直訳すると、物的流通。それを略して物流と言っています。

以前、あるグローバル企業のマーケティング担当者に、自分の会社の説明を「Logistics Consulting Company（ロジスティクス・コンサルティング・カンパニー）」というとピンと来なかったので、「Distribution Consulting Company（ディストリビューションコンサルティングカンパニー）」と言い直すとよく理解してくれました。しかも、「それは大事な分野だ」というコメントまで付きました。

しかし、物流は流通（Place）だけではなく、他の3つのPにも関係します。

たとえば、「製品」に関しては、物流効率を考えてパッケージを変更したり、環境を考えて梱包を極限まで減らすよう物流を調整したりします。

商品≠製品

物流はマーケティングには不可欠な機能である

① 製品　Products
・梱包方法や梱包資材、生産地、製品サイズ、賞味期限

② 価格　Price
・物流コスト
・取引条件（量と価格）

③ 広告　Promotion
・外装（販促）
・サンプリング

④ 流通　Place
・物流拠点、在庫拠点
・販売エリア

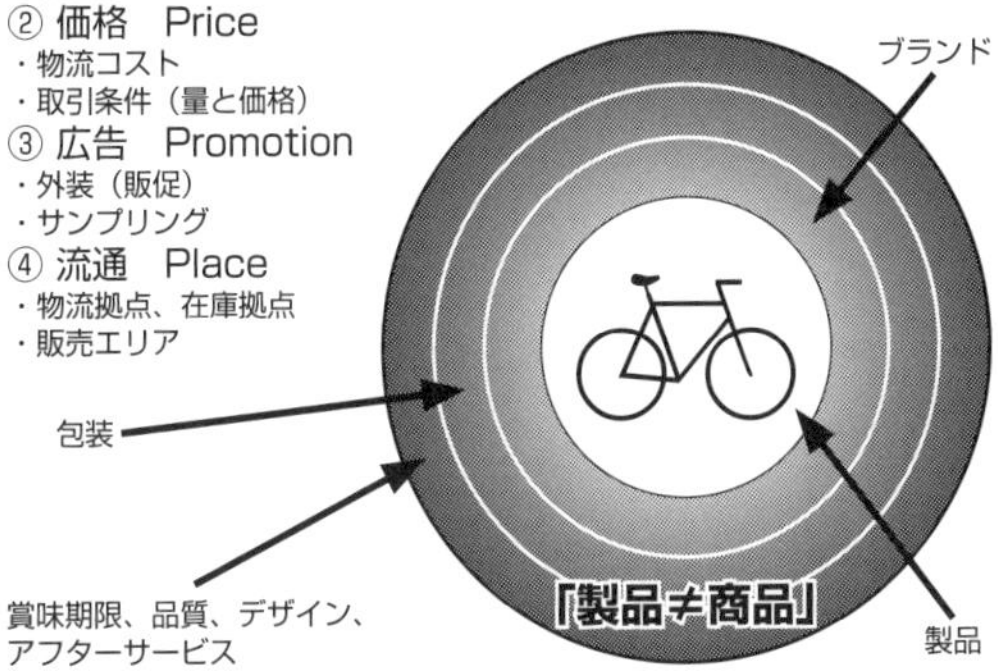

また、「価格」に関しては、物流コストの大小が販売価格を左右したり、取引条件（1パレットごとで買えば○%割り引くなど）が物流とリンクしていたりします。

最後の「広告」に関しても、他と同様に物流と関係します。広告手法でサンプリングというものがありますが、あれは見込み客までの物流です。いかに安価に手渡しできるかは、まさに物流思考です。WEBで申込みをして、抽選で当選した人に送る仕事は、ほとんどの場合、申込みから一切合切、物流会社が実務を行っています。

マーケティングには、物流は欠かせません。物流がわかるマーケッターは強いですよ。

3-6 顧客満足と物流の関係（物流は、CS活動）

物流がマーケティングの4Pと密接に関連していることは、ご理解できたでしょう。

さて本項では、物流は顧客満足（CS）に関係しているかどうかを議論したいと思います。先に結論を言うと、物流はもちろんCS活動の一環です。

たとえば、ある20代独身女性が通販で下着を買いました。届いた荷物の梱包を開けたところ、その商品に髪の毛がついていたらどう思うでしょうか？　しかも、それが男性のものと思われる太い毛だったら……。即クレームで、顧客満足はマイナスです。

前記のケースで顧客満足をマイナスにした企業活動は何でしょうか？　商品カタログ製作でしょうか？　コールセンターでの受注作業でしょうか？

両方とも違います。物流活動が顧客満足をマイナスにしたのです。このように、物流活動とはCS活動とも言えます。

もちろん、物流というCS活動は顧客満足度を下げるだけではありません。丁寧に梱包

物流とCSの関係

- 「配達する人が無愛想だった……。次から買う気が失せちゃうよ」（55歳既婚男性、百貨店で購入）
- 「髪の毛がついた下着が届いた……。もう二度と買わないわよ」（28歳独身女性、通販で購入）
- 「代引きのお釣りがないなんて……。考えられない！」（45歳主婦、カタログ通販で購入）
- 「棚に商品がない。欠品だ！　まだあの商品は届かないのか」（18歳大学生、コンビニで大好きなチョコを探して）
- 「部品が届かないんだから、製品が作れない。作業者はもう出勤しているのに……」（55歳中小企業社長、製造業）

物流は、CS活動！

したり、他社では行っていないような綺麗なラッピングをすることで、逆に顧客満足度を上げることができます。

　荷物を届けるドライバーの身だしなみや挨拶も、顧客満足度に影響します。輸送を担う運送会社にも「物流がCS活動の一環である」という認識を持ってもらわなければ、その通販会社での顧客満足度向上には繋がりません。

　このように、物流をCS活動と捉えて、物流設計や物流改善を進めるよう考えてみてください。

3-7 顧客満足とは何か？①（サービスにムラがないこと）

CSは、Customer Satisfactionの略で、「顧客満足」と訳されます。多くの企業がこの顧客満足を実現して、より多くの顧客を獲得し、売上を上げるために努力しています。新規顧客を獲得するコストが、既存顧客にリピート購入してもらうコストと比べて、格段に高いのは間違いありません。だからこそ、初回購入者やリピート顧客に他社に浮気せずに再来店や再購入を促す手を考え、再購入したいという気持ちになってもらうよう、顧客満足を高めなくてはならないわけです。

顧客満足は、最低でも「顧客がサービスに満足する」状態にしなければなりません。では、どのようにすれば、最低レベルをクリアできるのでしょうか？

そのポイントはただ1つです。サービスにムラがなく、一定レベルのサービスができるようになることです。たとえば、レストランで一人のスーパー紳士な店員がいても、一人のマズイ店員がいれば、そのレストランの顧客満足はゼロかマイナスです。物流で言うと、

CS（顧客満足）とは？

◆顧客満足とは、なんだろう？

最低レベルの状態　**顧客がサービスに「満足」すること**

そのためには……

サービスにムラがないこと

最高レベルの状態　**顧客がサービスに「感動」すること**

そのためには……

全員が感動サービスを目標とすること

百貨店で気持ちよく買い物ができたのに、その商品（家具）を家に据えつけてもらうときに玄関に傷がついたら、顧客満足どころかクレームになります。また、毎日9時に届けてくれる納品業者と、たまに8時半や9時半に届くこともある納品業者とでは、前者のほうが満足度が高いのです。

顧客満足を得るためにスーパーマンは要りません。全員が一定のサービスができるようになることが顧客満足を実現するのです。

3-8 顧客満足とは何か？②（貢献点を考える）

顧客満足という言葉で、勘違いしてしまうことがあります。それは「なんでも良いから、顧客を喜ばせろ！」という危険な発想です。前項でも述べましたが、顧客満足向上に力を入れるのは、より多くの顧客を獲得して売上を上げるためです。したがって売上が上がらなければ意味がないのです。顧客満足について述べた書籍の中には採算度外視の逸話が載っていますが、そういったことばかりを行っていては会社がつぶれてしまいます

たとえば、顧客満足を上げるために、車のディーラーA店では、車の洗車サービスを始め、B店では、顧客満足を高めるために、血圧測定器を置きました。さて、どちらが買い替え需要を喚起し、他店への乗換えを阻止できたでしょうか？

答えは当然A店です。A店では、洗車のときにタイヤチェックをして、タイヤ交換をアドバイスしたり、簡単な傷を無償で修理したりしていました。その間、ドライバーと会話をして、次回購入のタイミングを計っていました。一方、B店のサービスは、近所の人や

どちらが真の顧客満足か？

実際の購入者の両親（ただし購入決定には無関係）には喜んでもらえましたが、それ止まりでした。

つまり、顧客の喜ぶことをなんでもしても意味がなく、貢献点を明確にしなければなりません。具体的には、自社では何を売りにするのかをランク付けするのです。価格が一番であれば、低価格にするための投資をしましょう。アフターサービス（購入後点検など）であれば、気持ちよく来店してもらえるように、人や設備などの環境を整備しましょう。

そして、物流であれば、自社が売りにするのは、正確な時間なのか、スピードなのか、コストなのか、を検討して、CSのための施策をとりましょう。

3-9 商品価値と物流との関係

製品と商品は異なる概念です。製品はproductsであり、商品はarticles for saleとかcommercial goodsと言われ、produce（生産）された段階と、for sale（売り物）の段階では、言葉も分けられています。

これを物流の観点から説明すると、**【商品≒製品＋ロジスティクス】**となります。たとえば、同じ鉛筆でも、CVSで買った鉛筆と通信販売で買った鉛筆は商品価値が異なります。その商品価値の差は、ロジスティクスがほぼ決めていることを知った瞬間、**【商品≒製品＋ロジスティクス】**の真髄を理解することでしょう。

もっと具体的に説明すると、CVSで買った鉛筆は、購入者がわざわざ買いに行って、その場で支払って購入した鉛筆です。一方、通信販売で買った鉛筆は、購入者がインターネットかFAXで注文して、翌日か当日に届いた鉛筆です。支払いは後日請求です。

CVSで買った消費者は、なぜCVSで買ったのでしょうか。「急ぎで欲しかったので、

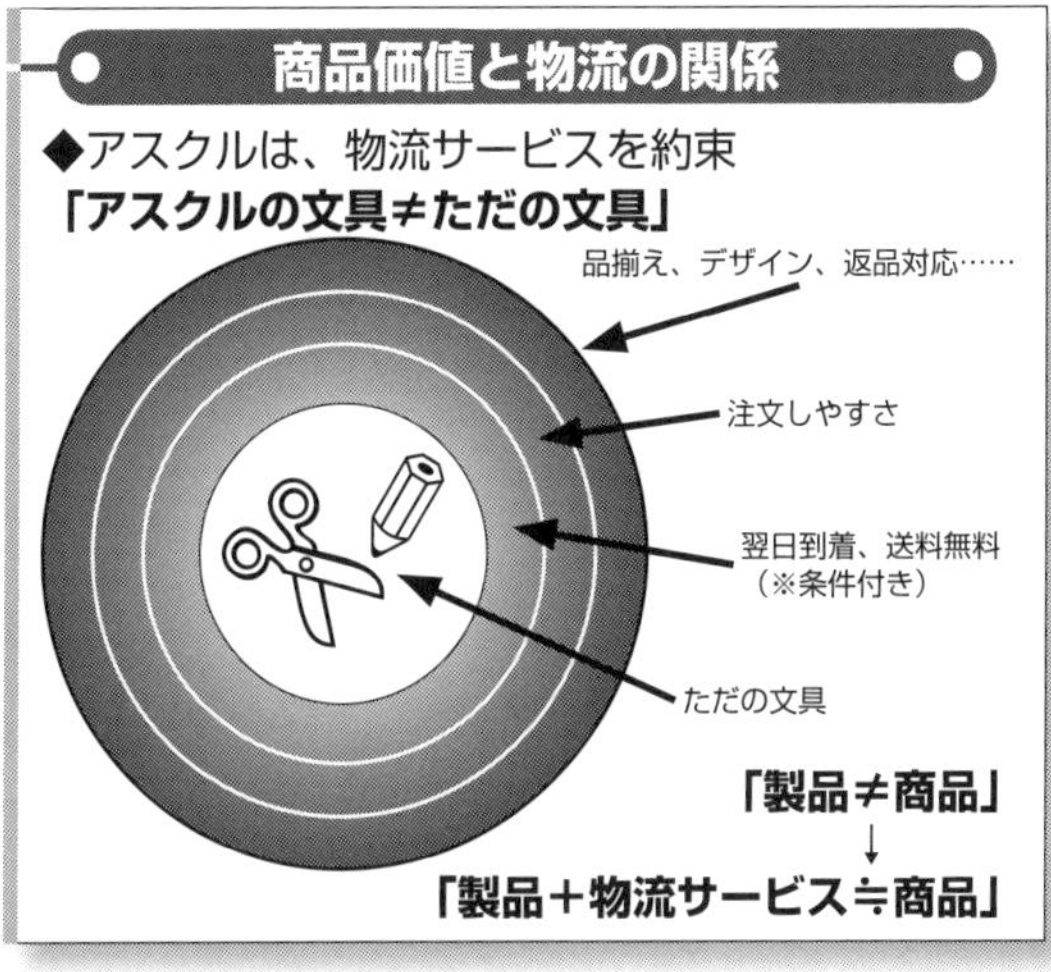

商品価値と物流の関係

買いに行った」「通勤途中で立ち寄ったときに、ついで買いした」などの理由が考えられます。両方の理由から、行ったCVSにたまたまその鉛筆があったから買ったわけで、もし、別のブランドの鉛筆しかなかったら、その鉛筆は購入されなかったのです。その鉛筆が買われたのは、そのCVSに欠品なく供給できたロジスティクスによるものなのです。

一方、通信販売で取り扱われている鉛筆の商品力には、鉛筆の製品力に24時間注文できることや指定場所に届けてくれること、他の沢山の商品といっしょに注文できることなどの利便性が加算されています。

このように、物流機能を高度化することで、商品力を上げることができるのです。

3-10 商品価値を高める物流とは

物流が商品価値に関係していることは、前項の説明でご理解いただけたことでしょう。では、どのようにすれば、物流で商品価値を高めることができるのでしょうか？

いろいろなシチュエーションが考えられると思います。

たとえば、量販店やＣＶＳであれば、欠品させないことや、まとめ買いができるように数を揃えておくことです。

さらに食品を扱うのであれば、製造日から少ない日数で店頭に届けることも必要です。こう見ると、物流というアクティビティーとして、何をすれば商品価値を上げることができるか、考えられますよね。

通販企業であれば、注文から配達までの時間を短くすることはもちろん、欠品させなかったり、商品アイテムを豊富に揃えたり、配達のドライバーの挨拶をよくすることや、身だしなみを改善することです。これらをすることで、通販会社として、販売する商品の商

商品価値を高める物流活動

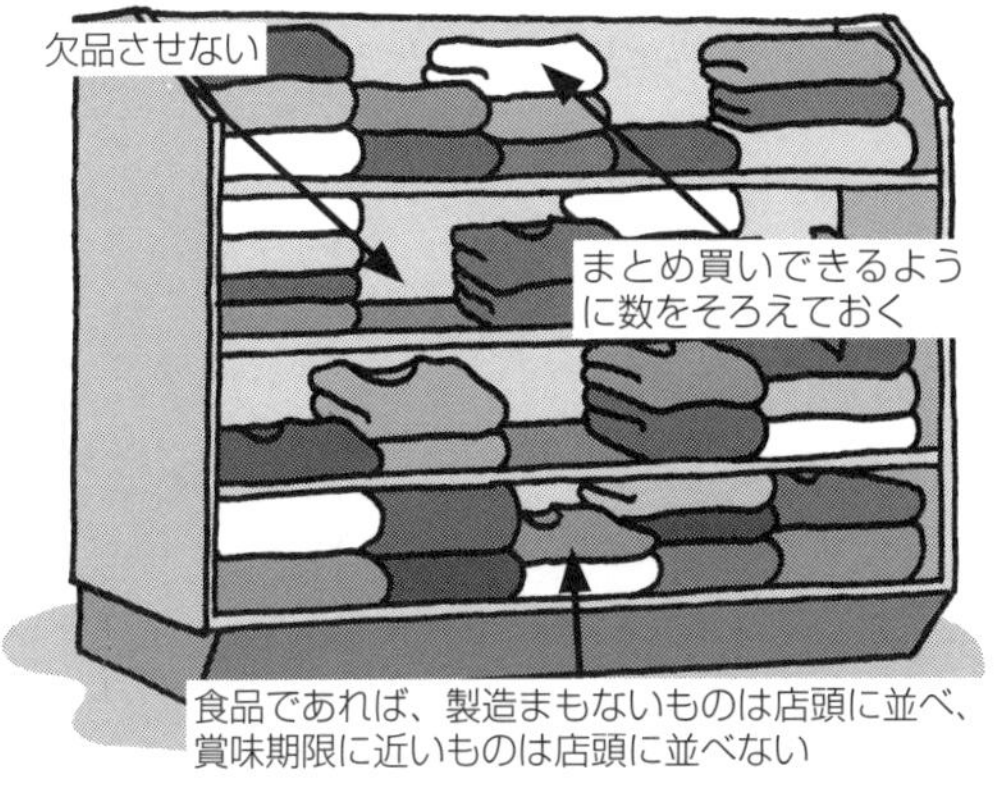
欠品させない
まとめ買いできるように数をそろえておく
食品であれば、製造まもないものは店頭に並べ、賞味期限に近いものは店頭に並べない

品価値、商品力が高まります。

では、ドンキホーテのようなディスカウントストアではどうでしょうか? 品揃えを多く供給できるようにすることはもちろん、欠品をさせないことや、品出し(棚入れ)がスピーディーにできるようにすること、賞味期限に近い商品を出荷しないことなどの方法が挙げられます。

このように「商品力の一部が物流である」という視点で考えることによって、これまでに考えられなかった手立てが発想できるはずです。

3-11 現場が、CSを実現するキー

物流がCSを向上させ、そして商品価値を高めることは、これまで説明したとおりです。
そして、何をすればCSや商品価値が向上するかについて、なんとなくイメージが沸き始めたと思います。

しかし、「ああしよう」「こうして商品力を上げよう」といろいろな案が浮かんでも、それが実行されなければ意味がありません。

よくこういうことがあります。素晴らしい物流システムが入っている物流センターで、誤出荷が多発することです。普通は考えられないことです。二重三重と誤出荷をなくすような手立てを考えて導入された物流システムですから、それを使えば、間違いなく誤出荷率はゼロに近い数値になるはずです。

では、なぜ誤出荷が多発するかというと、「物流システムを使っていない」からなのです。なぜ使っていないかというと、現場が使いたくないと思っているからなのです。

重要なことは、物流システムを導入するときには、現場の人への啓蒙活動や説得作業を行うことです。現場の偏見はもちろん、現状を変えることはたいていリスクと考えられるためです。

せっかく商品力を高めるために実施する実施策を作っても、現場がやらなければ、何も変わりません。また、現場が嫌々ながらやったとしても、良い結果に繋がらないことは想像がつくでしょう。現場が真剣にならなければいけないのです。

CSを向上させ、そして商品価値を高める物流を実現するためには、現場がキーとなることを忘れないようにしましょう。

第4章

ＣＳ物流の実現

4-1 CS（顧客満足）とは何か？（ムラをなくすこと）

CS（顧客満足）とは、簡潔に書くと、「顧客がサービス（見えるもの、見えないもの）に満足すること」です。それにはレベルがあって、最低のレベルは不満足を与えないというものです。「二度と行かないわよ」「あそこでこんな嫌なことがあってね」と感じたり、親しい人に話したりするような不満足を与えないことです。反対に、最高レベルは「サービスに感動してもらうこと」です。「素晴らしい！」「また来たい（買いたい・依頼したい）」と思ってもらうことです。

この最高レベルについては、本書では触れませんが、最低レベルを実現するには何をすればいいのでしょうか？　別の言い方をすれば、不満足を与えないためには、何をすればいいでしょうか？

答えは1つです。「サービスにムラをなくす」ことです。

たとえば、レストランに行って、誘導してくれた人や食事を運ぶ人は対応がよかったの

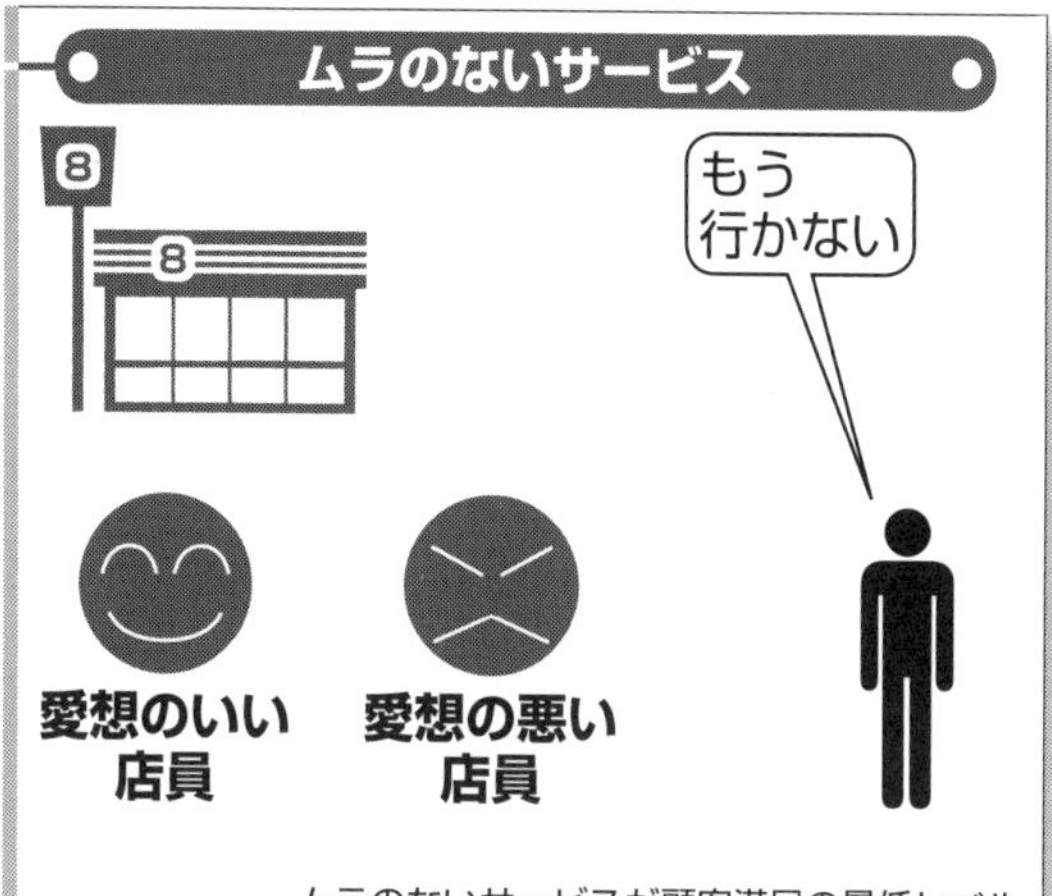

ムラのないサービスが顧客満足の最低レベル

に、注文をとる人の態度がよくなかったら、そのレストランの接客評価は悪くなります。極端な例を出すと、ある店の饅頭はたいていは最高にうまいけれど、たまにまずいものがあった場合、買わないですよね。

物流の例で言うと、いつも8時55分に届けてくれるA社と、早いときは8時30分、遅いときは9時30分に届けてくれるB社では、お客はどちらを選ぶでしょうか？　お届け時間にムラがあるB社よりも、ムラのないA社を選ぶはずです。

このように、顧客満足の最低レベルを達成するには、サービスにムラをなくさなければいけません。

4-2 CS（顧客満足）での勘違い！？（貢献点を考えよう）

「顧客満足」で勘違いしてしまう人が多くいます。その勘違いとは、前述のとおり「お客様を満足させることとは、なんでもやろう」ということです。

顧客満足を上げる目的は、言うまでもなく売上を上げるためです。どんな格好のいいことを言っても、最終的に売上が上がらなければ、継続することができません。

さらに、なぜ顧客満足を上げることに企業が努力しているかというと、リピート顧客を増やすことは利益が上がると言われているからです。一般的に、新規顧客に商品を販売するコストは、既存顧客に販売するコストの5倍かかると言われています。

したがって、顧客満足の向上は、既存顧客に継続して商品を買っていただくためにやるのだということを覚えていてください。これを勘違いしている会社やお店では、顧客満足を高めるために何でもやります。

顧客満足を高めるために何に注力すべきかを考える方法があります。それは「自社はお

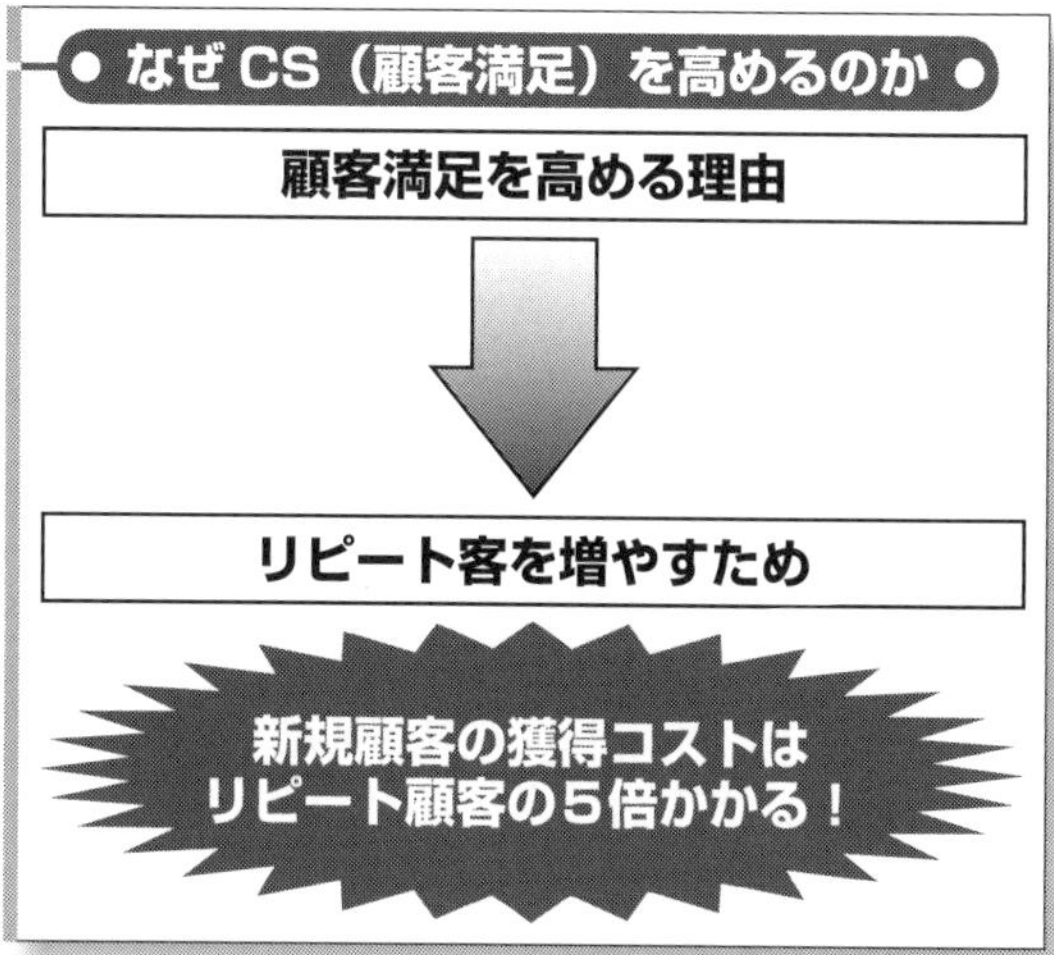
なぜCS（顧客満足）を高めるのか
顧客満足を高める理由
リピート客を増やすため
新規顧客の獲得コストは
リピート顧客の5倍かかる！

客様に何で貢献するか？」という貢献点を考え抜き、その順位づけをすることなのです。

　たとえば、飲食店を考えましょう。大抵の飲食店では、味が1番、料金2番でしょう。ある店でもそう決めました。そうすると、少しの原材料費にお金をかけるとか、他店の味を盗むなどにお金を最初に振り向けるべきでしょう。一方、おしゃれな表参道のレストランでは、雰囲気を1番、味を2番に置きました。投資できるお金ができたら、店舗内装に一番多く投資することでしょう。

　この貢献点は差別化とは異なります。差別化は表面的なものですが、貢献点は本質であり、徹底的に磨いていくものなのです。

4-3 CS物流とは（貢献点＋ムラゼロ）

顧客満足を生む物流、すなわちCS物流とは何なのかということを考えていきましょう。

顧客に満足してもらうために行うことは「貢献点に沿ったことをする」ことであり、顧客満足において、顧客不満足を生まないレベルの顧客満足を獲得するには、「サービスにムラをなくす」ことです。

物流においては、まず自社の貢献点を考え抜くことが必要です。この貢献点は、事業の本質ですから、決定はなかなか難しいはずです。

運送事業者では、集荷配達のときのドライバーマナーが一番だという会社もあるでしょう。ただ残念ながら、運送事業者ではものを正確に安全に運ぶことがドライバーマナーより先に来るはずです。これを優先しなければ、事業が継続できなくなってしまいます。

考え抜いた上で、貢献点を決定しましょう。たとえば、化粧品会社ならサービス率（受注に対して期日までに納品できるオーダーアイテム数）を一番にするかもしれませんし、

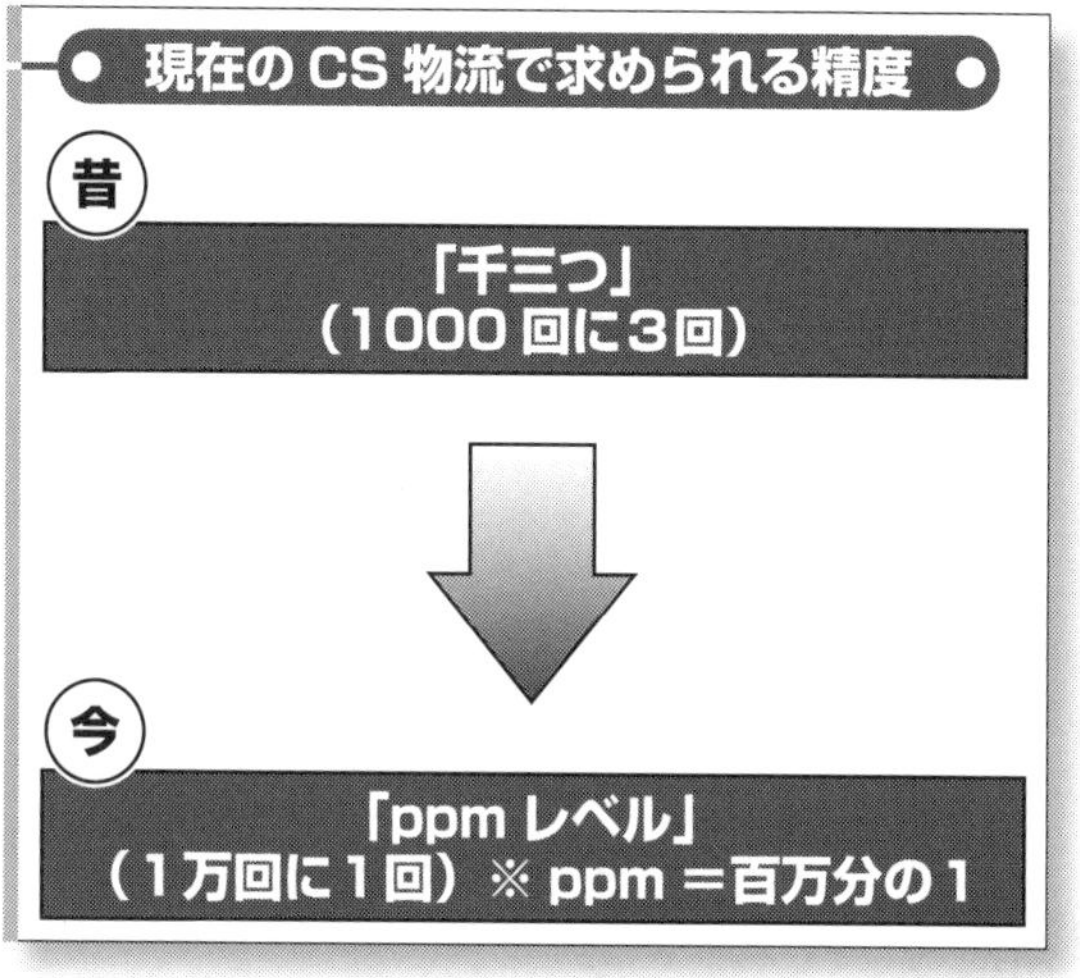

倉庫事業者なら在庫精度（在庫差異率）を上げたり、保管状態を一番にするかもしれません。そして、どのような貢献点を決めたとしても、次にそれをムラなく実行できる体制を作らないといけません。

今、物流の世界では、％表記からｐｐｍ表記に変わっています。昔は「千三つ（１０００回に３回）」と言われていましたが、今は、「1万分の1（１００万回に１００回未満）」と言われています。在庫差異は、以前は0.1％未満は優秀でしたが、今は１００ｐｐｍ未満（０・０１％未満）になって優秀と言われています。ドライバーの挨拶も1人が無愛想だとムラがあります。１００人いれば全員が元気で明るい挨拶をしないといけません。

4-4 CS物流の造り込み（ギャップ分析→人の意識づけ→仕組みづくり）

CS物流を自社で実現していくためには、次の3つのステップがあります。

①自社の貢献点と実績のギャップを見つけ、強化することを見極めること
②社内メンバーが同じ意識を持ち、かつ高い意識を持つこと
③他社が真似をできない仕組みを作ること

①のギャップ分析の方法としては、顧客調査が最も有効な手段です。ただし、これは自社で実施するのでなく、外部機関を使わないと本音が聞き出せませんし、回答が曲がらず正確に伝わります。ある会社では元々コンタクトセンター（受注センター）を強化すべきだと思われていましたが、外部調査によって、自社の貢献点で今すぐ強化すべきものは、貨物追跡（商品トレース）とスピードであるということが見極められました。調査がなければ、コンタクトセンターに投資が振り向けられたでしょう。

次に、②人の意識づけです。注力すべきことがわかれば、その調査データなどをもとに、

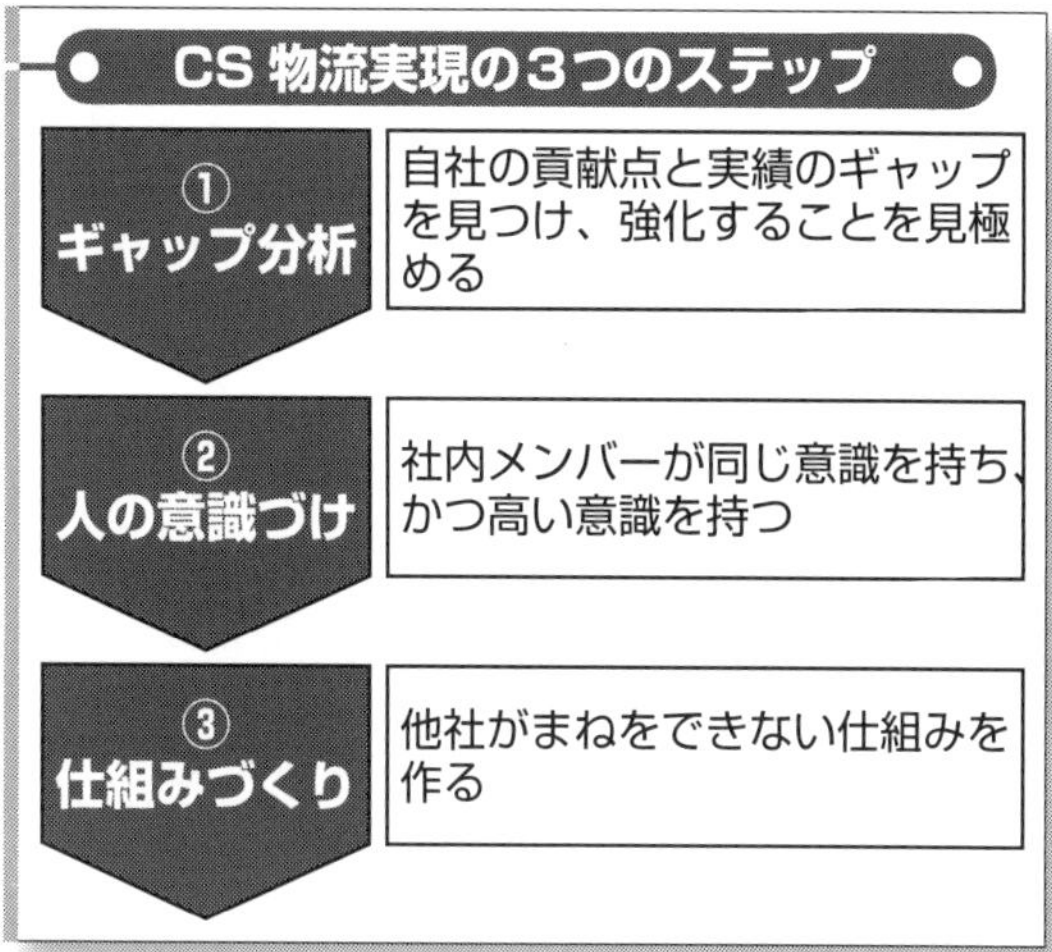

CS物流実現の3つのステップ

① ギャップ分析	自社の貢献点と実績のギャップを見つけ、強化することを見極める
② 人の意識づけ	社内メンバーが同じ意識を持ち、かつ高い意識を持つ
③ 仕組みづくり	他社がまねをできない仕組みを作る

会社メンバーにそれを伝達もしくは説得し、危機意識を共有します。たとえば、スピードであれば、いかに顧客が不満を感じており、強化が必要であることを伝え、少しでも早く作業をする意識をもってもらいます。

最後に、③仕組みづくりです。これは意識づけの後に行います。いくらよい仕組みをつくっても、意識が低ければ利用されません。仕組みは表面的なものは見えても、全貌は他社から見えないものです。特に物流の場合はほとんど見えません。受注納品リードタイムを短縮するために、受注情報をリアルタイムで物流現場に伝えたり、正確な出荷可能在庫数をコールセンターでリアルタイムに見れるような仕組みを作ることが一例になります。

4-5 CSを向上させるには（働く人が理解することが一番）

前章を読んで、物流がCS（顧客満足）と深く関係していることは理解いただけたことと思います。

では、物流でCSを向上させるには、どうすればよいのでしょうか？　前章の「物流はCS活動」の図に書いた、物流が引き起こした顧客不満足の例をもとに考えましょう。

たとえば、百貨店で購入した人がドライバーの不適切な態度によって顧客不満足が発生したことを改善するためには、ドライバーへのマナー教育を実施する必要が出てくるでしょう。また、通販で買った下着に髪の毛が付いていたことを改善するには、衛生帽子を被らせるような対策をとるでしょう。そして、欠品対策はシステム導入や人員増強などの管理強化を行うでしょう。

しかし、これらは対処療法のような対応です。言い換えれば、問題や課題を改善するための施策をとっています。それはそれでよいことで否定はしませんが、それだけでは意味

ＣＳ向上のための対策

・「配達する人が無愛想だった……。次から買う気が失せちゃうよ」（55歳既婚男性、百貨店で購入）

⇨ **運転手にマナー教育をしよう！**

・「髪の毛がついた下着が届いた……。もう二度と買わないわよ」（28歳独身女性、通販で購入）

⇨ **物流センターの人に衛生帽子をかぶらせよう！**

・「代引きのお釣りがないなんて……。考えられない！」（45歳主婦、カタログ通販で購入）

⇨ **運転手にお釣りを持たせよう！**

・「棚に商品がない。欠品だ！　まだあの商品は届かないのか」（18歳大学生、コンビニで大好きなチョコを探して）

⇨ **発注管理（システム・人員）を強化しよう！**

・「部品が届かないんだから、製品が作れない。作業者はもう出勤しているのに……」（55歳中小企業社長、製造業）

⇨ **到着時間を厳守させよう！**

がありませんし、効果がありません。

前項でも述べましたが、いくら素晴らしいシステムが入っても、それを使う人がそれを使う意味をちゃんと理解していなければ、システムを入れた意味がありません。

働く人が、ドライバーが、物流センターの人が、発注管理をする人が、マナー研修を受ける意味や衛生帽子を被ることになった発端や、発注システムを入れる理由を知っておく必要があります。そうでなければ、マナー研修は右から左で聞くでしょうし、衛生帽子も暑い日やデートの日には被らず、発注システムも忙しいときには使わないでしょう。

やはり、働く人それぞれが、その意味をきちんと知ることが一番大切なのです。

4-6 CSの現場への浸透① 会社の考え方

働く人に高い意識を持ってもらうためには、手順があります。最初に行うことは、会社の方針や考え方、価値観を全員が理解することです。

それがあれば、集団行動でも個別行動でも関係ありません。軍隊式でも自由教室式でも関係ありません。逆にそれがないと、それぞれが好き勝手な行動をしたり、非効率な矛盾した行動をしたりすることでしょう。

初めは無謀な方針や間違った判断と思われていても、全員が信じ切って行動すれば、最後は成功するという例が多々あります。たとえば、ヤマト運輸の宅急便は、幹部の反対を押し切って成功した事業です。

人々の根っこにある考え方や価値観が同じになれば、会社を伸ばしていく原動力が増します。また、その後のCS向上に向けた個々の行動も、より本気になります。

ＣＳの現場への浸透①　会社の考え方や価値観

１．会社での考え方や価値観は同じ

- 「現地現物」
- 「前工程は神様。後工程はお客様」
- 頑張らなくても成果の出る工夫をする＝人間尊重

（トヨタの考え方）

２．ＣＳや貢献点の考え方、価値観は？

- 「紳士淑女であれ」
- 「適材、適所、適時間」
- 「品質第一」

トヨタでは、「現地現物」「前工程は神様。後工程はお客様」「頑張らなくても成果の出る工夫をすることが人間尊重だ」など、全員が共通して持っている価値観をベースに、創意工夫で改善をしています。

リッツカールトンホテルは、「クレド」という小さな紙に「紳士淑女であれ」という価値観を書き、それを毎日徹底して、教え込んでいます。だからこそ、最高で、しかもムラのないサービスが提供できているのです。

物流センター運営と配送を自社で行う、ある物流子会社では、「届け先のことを考える」を方針として出しました。

会社の方針や考え方が伝われば、次の仕事の意義の浸透へと続きます。

4-7 CSの現場への浸透② 仕事の意義

物流の現場作業に従事する人は、なぜその仕事をしているかを理解しながら働いているケースが少ないように感じます。単純にピッキングリストに載っているものを棚から取ってくるといったように、「作業」として理解している人が多いと感じます。

ピッキングをする人の仕事の意義は、「受け取る人が問題なく作業ができるように、間違いをせず商品をピッキングしてくること」です。しかし、この「間違うと、受け取る人が困る」ことを理解させずに仕事をさせている会社が多いと思います。

もちろん、今日入ったばかりのパート・アルバイトが1日で心底から理解できるとは思えません。日々何度も何度も伝えてこそ、その意義が理解できるのです。

伝え方も様々です。朝礼で伝える場合でも、普通に伝えるだけでなく、間違えたらこうなるという伝え方や、あなただったらどう思うかという伝え方もあります。また、口頭だけでなく、文字の場合もありますし、ビデオを使う場合もあります。

ＣＳの現場への浸透②　仕事の意義

「なぜ、私はこの作業をしているの？」

・作業を行う意義を伝える
・意義がわからないと、雑な仕事になってしまう

・「仕事の意義」の伝達例
①作業者
ポジティブ>あなたがピッキングを正確にすれば、お届け先は喜ぶのです
ネガティブ>あなたがピッキングを間違えると、お届け先は困るのです
置き換え>あなたが受取人だったら、嫌な気分になるでしょう
②管理者
あなたの仕事は、無駄な仕事をさせないことです。１つミスが出ると、意味のない仕事をさせることになるのです。

しかも、この仕事の意義は、会社の方針（たとえば、品質第一）とも繋がっていますから、その正確にピッキングするという本気度が違います。

前項の最後に、「届け先のことを考える」という方針を出した物流子会社X社のことを書きましたが、そのX社ではドライバーに「届け先が安心できるように配達する」ことを仕事の意義として伝えました。それまでのドライバーの身だしなみは、髪の色、シャツの外出し、帽子の不着用と最悪でしたが、徐々に改善されました。挨拶もそうです。社内でも挨拶ができていなかったのが、できるようになりました。

4-8 CSの現場への浸透③　ツールの活用

ＣＳを現場に落とし込むためには、会社の考え方や仕事の意義を徹底して伝えなければなりません。口頭や文章、動画など、あらゆる手段で伝えていくのです。

徹底するために、ツールを活用するのは有効です。

たとえば、スローガンポスター。会社の考えをポスターにして、社内のあらゆるところに掲示していきます。お客様が来る応接や受付にも掲示します。シンプルに書くのがよいでしょう。短い文章を箇条書きで３つか５つ、Ａ０ポスターに書くと伝わりやすくなります。他に、額に入れた社是や行動規範を掲げるのもよいでしょう。ポスターと同じ意味を持ちます。

また、創業者の写真や銅像を社内に置くことも、会社の考えを伝えるツールの１つです。「創業者はこう考えていた」とか、「創業者にはこんな伝説がある」とかが伝えやすくなるからです。創業者のお墓に、幹部揃って毎月参拝するという大手企業もあります。

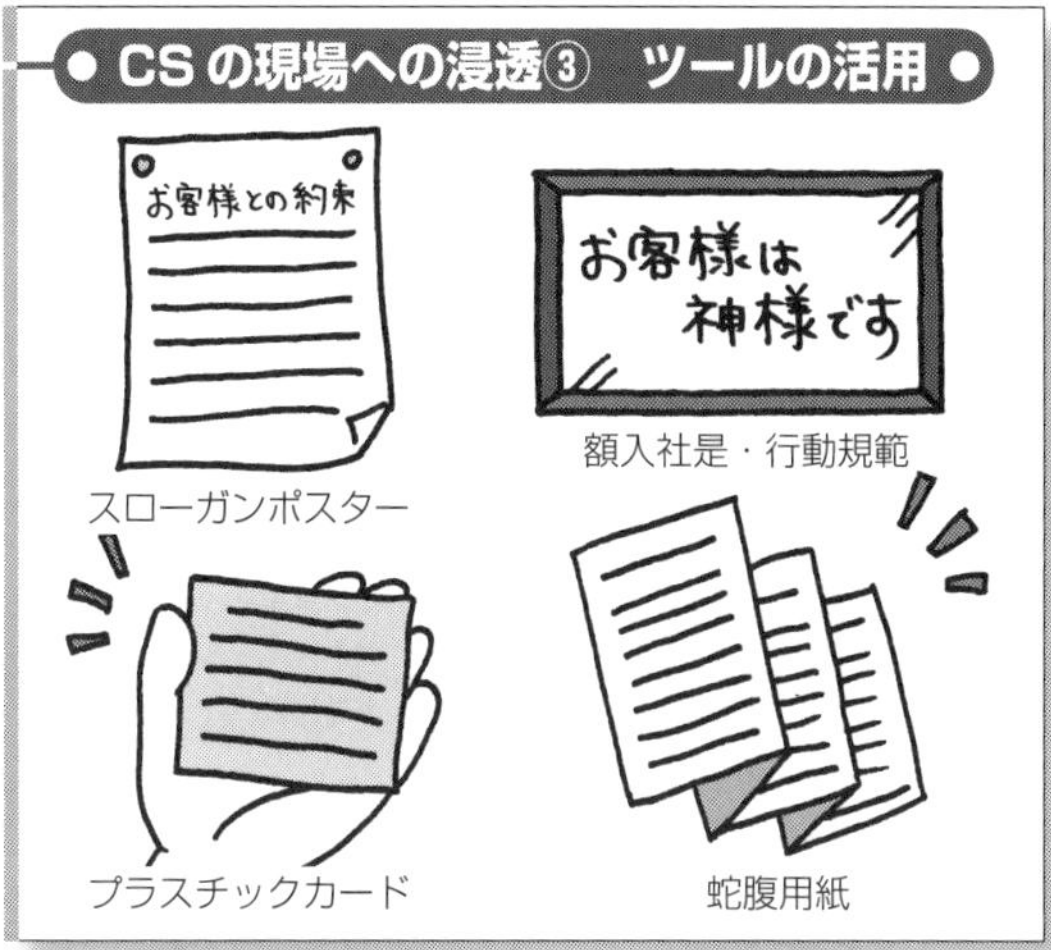

そのほかには、銀行のキャッシュカードと同じ大きさのプラスチックカードに、会社のミッションや行動指針を書いて、社員に携帯させている会社もあります。前述のリッツカールトンホテルの「クレド」のように蛇腹の紙を使っている企業も多くあります。

このように、様式はさまざまですが、これらはあくまでもツールですから、社内に貼っているだけだったり、飾っているだけではいけません。朝礼などでこれを全員で唱和するとか、月1回議論するとか、実践体験を発表するなどして、初めて生きてきます。

4-9 CSの現場への浸透④　朝礼の活用

朝礼というのは、大切な場です。大抵は毎日行うものですから、伝達事項が全員に伝わりますし、何かを継続的に行うためには非常によい場です。

この朝礼を使って、会社の方針やCSの心を徹底する方法があります。

まず、朝礼前に、発表者1人を指名し、ツールに書かれた文章から1つを指定しておきます。その発表者は、朝礼の中で、その指定された文章を大きな声で読み上げます。そして、それに続き、全員で唱和します。それが終わると、読んだ文章に関連する話を全員にします。

たったこれだけのことです。ポイントは全員で声に出して話すことと、自分の体験を全員でシェアすることですが、それによって、理解が深まるのです。

顧客満足度ナンバー1に毎年輝くリッツカールトンホテルでも、部署によって違うそうですが、毎日のラインアップミーティング（朝礼）が5、6回あり、指定文章に関する質

CSの現場への浸透②　朝礼の活用

①	長が1人を指名して、1つの文章を指定する
②	指名された人の先導で、朝礼出席者全員で指定された1つの文章を唱和する
③	指名された人が、読んだ文章に関連する最近の体験談や実践談を全員に話す

問を2人にして、事例を話し、感想を2人に聞き、心構えを2人に聞くなどという手順が、本社から毎日指示があるそうです。

一般に学習手法としては、「読む」が一番効果が低く、次いで「(人に)聞く」、「(人に)話す」と効果が上がっていき、「(人に)教える」が最も効果が高いと言われています。したがって、単に唱和するだけではなく、自分の経験と照らし合わせた話を朝礼の出席者全員に伝えることは、それを話した本人にとって学習効果が一番高いのです。

朝礼の活用が会社の方針などをより深く学んでもらうための手法だということを、ご理解いただけたでしょう。

4-10 CSの現場への浸透⑤ チームビルディング

方針が伝わっていれば、全員が同じベクトルに向かって仕事をしていることに違いありません。しかし、チームワークが取れているかは、また別の話です。

たいていの人は好きな人と嫌いな人がいます。しかし、仕事をする上では、それは関係ありません。「AさんとBさんの仲が悪くて、うまく連携を取れなかったから、誤出荷をしました」などという理由を、納品先に言えるはずはありません。

たとえ好き嫌いがあったとしても、嫌いな人を好きになろうという努力や、ありのままを認めようという心持ちを持つのが、真の仕事人です。

ただし、全員がこれをできるわけではありませんし、会社はそこまで意識の高い人ばかりでもありませんし、徳の高い人ばかりの集まりではないからです。

したがって、仕組みとしてチームワークをよくする方法として、最近取り上げられているのが、チームビルディングです。

CS の現場への浸透⑤　チームビルディング

社内の各種親睦イベントもチームビルディングの手法の１つである

この手法によって、ゲームを通じて、チームワークの大切さや、どのようにしたらチームワークがとれるかなどを理解することができます。さらに、相互理解や相互認識が進み、人間関係が円滑になります。

チームビルディングを教える人は、「昔の会社では頻繁に行われていた社員旅行とか飲み会は、１つのチームビルディングの手法ですよ」と言われています。最近減ってきた、社内の飲み会や新年会、社員旅行などを行うことで、チームワークを高めようという機運が高まってくるかもしれません。

4-11 CSの現場への浸透⑥　経営者の手紙

経営者が全従業員に対して手紙を書くことは大変なことですが、成長のためには不可欠なことです。会社の考えを伝える1つの手段だからです。拠点が多くて実際に会うことがなくても、手紙で伝わるものなのです。

会社の方針で、品質を高めることになったとしましょう。「高い品質が達成できているのでうれしい」という気持ちを表現するだけでも、品質を高めることを会社またはトップがいかに気にしているかが伝わります。

経営者が従業員に手紙を書いている会社の多くは、成長して大きくなった企業です。たとえば、組織人事コンサルティングのリンクアンドモチベーションは毎週メールとホームページで、外食産業のワタミは毎月紙で出しています。

次ページの上図は、筆者の経営している会社の例で、毎月の給与袋に入れている手紙です。A5の紙に書かれています。ここには、真面目に働いてもらっていることへの感謝か

CSの現場への浸透⑥経営者の手紙

「お客様からの感謝」

毎日、ご苦労様です。ゴールデンウィークに出社していただいた人もいて、感謝しております。

さて、先日Ａ社というお客様と一緒に、雑誌の取材を受けました。このときに、非常にうれしい言葉をいただきました。

「検品はマニュアルを見れば何とかできます。が、知り合いに贈るのに支障がないかという【気持ち】が大切です。イー・ロジットさんはそれがあります。気持ちがあります。今回お願いして、『えっ、ここまで見てもらえるのか！』というところまで見ていただき、びっくりしています」

私たちは、「届けられた人の気持ちになろう」と努力して、品質に執念を持って取り組んできました。それがお客様に伝わっているのは、うれしいことです。

以前にも言いましたが、Ｂ社さんからも、**「〇〇ロジにいたときは、物流の品質も、従業員の対応も散々だったけれども、御社に変わってからは、品質も、対応も非常によくなりました。感謝しています」**と言われました。

私たちのエネルギーは「お客様からの感謝」です。さらに評価が得られるように、品質に執念をもって努力していきましょう。

ら始まり、品質を高めていることの評価があり、お客様からの感謝を伝えています。短い文章ですが、ありったけのことを書いていま す。

営業マンはお客様からの感謝の声を直接聞くことができますが、現場のパートやアルバイトがこれを聞くことはありません。だからこそ、このような文章で伝えるのです。

さらに、筆者の会社では毎月ピザパーティーを開催し、この内容を筆者自ら伝えています。文章だけでなく、口頭でも伝えて、より熱く伝えています。なお、手紙を読もうとしない人はポジティブでなく、根がネガティブな人が多いです。このような人にはできるだけ直接話すようにします。

4-12 CSの現場への浸透⑦　小冊子

小冊子もまた、CSの現場への浸透を促す媒体の1つです。

ここまで来ると、経営的な要素も大きいですが、CS物流を実現するには、ここまで踏み込まないと実現できないのです。

小冊子だけでなく、手帳を使っている会社も多いですが、多くの会社の考えを携帯させている会社が多くあります。

これを使って、価値観を勉強しているのです。

理念やフィロソフィーの伝達を積極的に行った経営者としては、松下幸之助や盛田昭夫、本田宗一郎がいます。現在でも稲盛和夫がいます。会社としても、トヨタ自動車は「TOYOTA WAY 2001」を作り、海外拠点を含めたグループ社員に配布しました。

理念や考えを全社員と共有することで、多くの企業活動や業務において、それくらいわかっているだろうと思っていても実はわかっていない言語共有不足や、何度も説明をしな

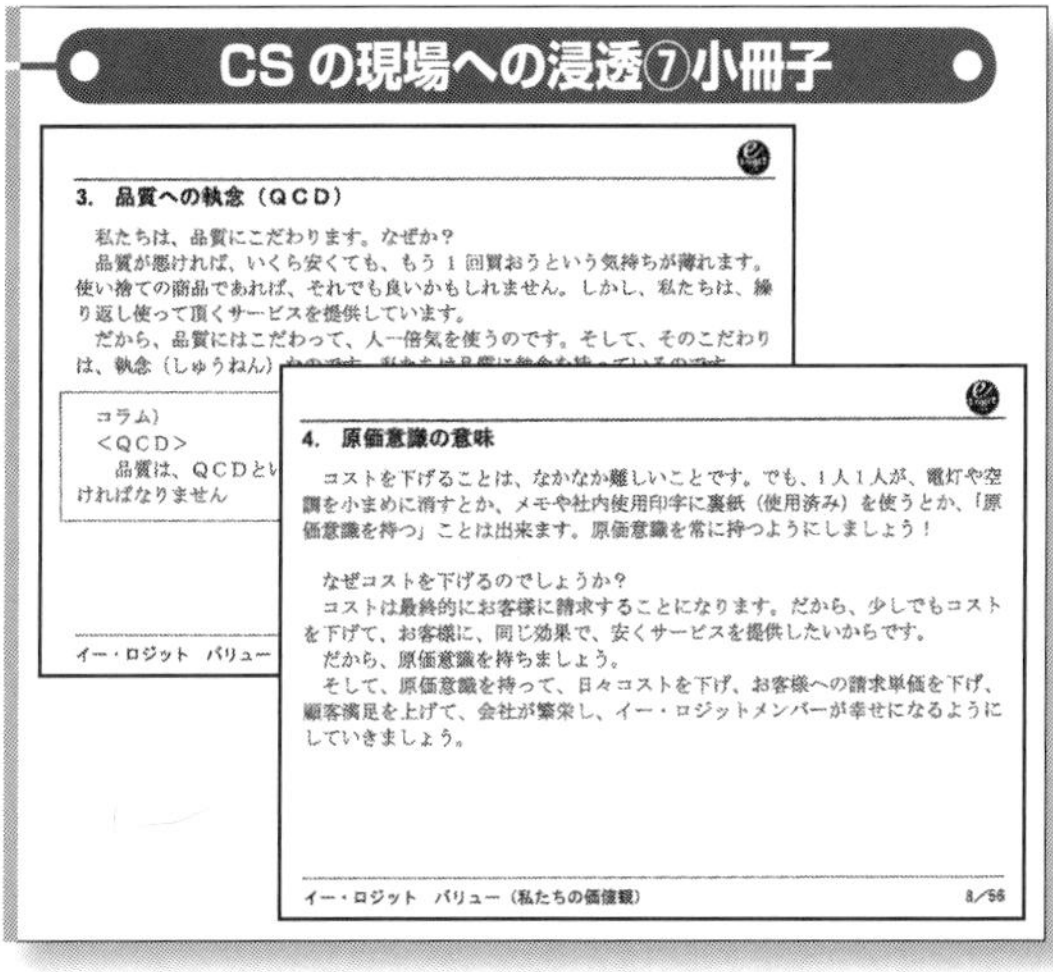

CS の現場への浸透⑦小冊子

3. 品質への執念（ＱＣＤ）

私たちは、品質にこだわります。なぜか？

品質が悪ければ、いくら安くても、もう１回買おうという気持ちが薄れます。使い捨ての商品であれば、それでも良いかもしれません。しかし、私たちは、繰り返し使って頂くサービスを提供しています。

だから、品質にはこだわって、人一倍気を使うのです。そして、そのこだわりは、執念（しゅうねん）

コラム）
＜ＱＣＤ＞
品質は、ＱＣＤとい
ければなりません

イー・ロジット　バリュー

4. 原価意識の意味

コストを下げることは、なかなか難しいことです。でも、１人１人が、電灯や空調を小まめに消すとか、メモや社内使用印字に裏紙（使用済み）を使うとか、「原価意識を持つ」ことは出来ます。原価意識を常に持つようにしましょう！


なぜコストを下げるのでしょうか？

コストは最終的にお客様に請求することになります。だから、少しでもコストを下げて、お客様に、同じ効果で、安くサービスを提供したいからです。

だから、原価意識を持ちましょう。

そして、原価意識を持って、日々コストを下げ、お客様への請求単価を下げ、顧客満足を上げて、会社が繁栄し、イー・ロジットメンバーが幸せになるようにしていきましょう。

イー・ロジット　バリュー（私たちの価値観）　8／56

ければならない説明のダブり、仕事に対する考え方（一生懸命さ、想い、温度）の違いを、解消する助けになります。

そのようなことをなくすためにも、小冊子を活用するのです。

ただし、間違ってはいけないのは、価値観を強制するのではなく、価値観を思い出してもらったり、自分のものにしてもらうことが目的だということです。先に朝礼の項でも書きましたが、最も学習効果が高いのは、伝えたり教えたりする本人です。教えあったりして、小冊子に書かれている価値観の真意を学んでもらうのが一番効果的です。

4-13 CS物流の設計

CS物流を実現するには、本章「CSの現場への浸透①〜⑦」を実施することが不可欠です。実現するためには、次ページの図の点線部分がなければ、PDCAサイクルでのCS物流の強化（向上）には繋がらないからです。

点線部分の次にあるのは、KPIの決定、プロジェクトの実施、業務への定着化という順に進んでいきます。

KPIを決めるときには、「何が自社の貢献点なのか」「自社において、何が物流の方針なのか」を明確に理解していなければ、KPI自体も決められません。

「品質第一」という方針を出している会社では、物流コストの指標が一番重要なKPIにはなりません。しかし、実際にそのような事態が起こっている会社があります。そのようなことが起こるのは、会社の考えや方針がちゃんと伝わっていないからです。

今、自社の売上拡大を考えているときに、サービスレベルが多少下がってでもコスト圧

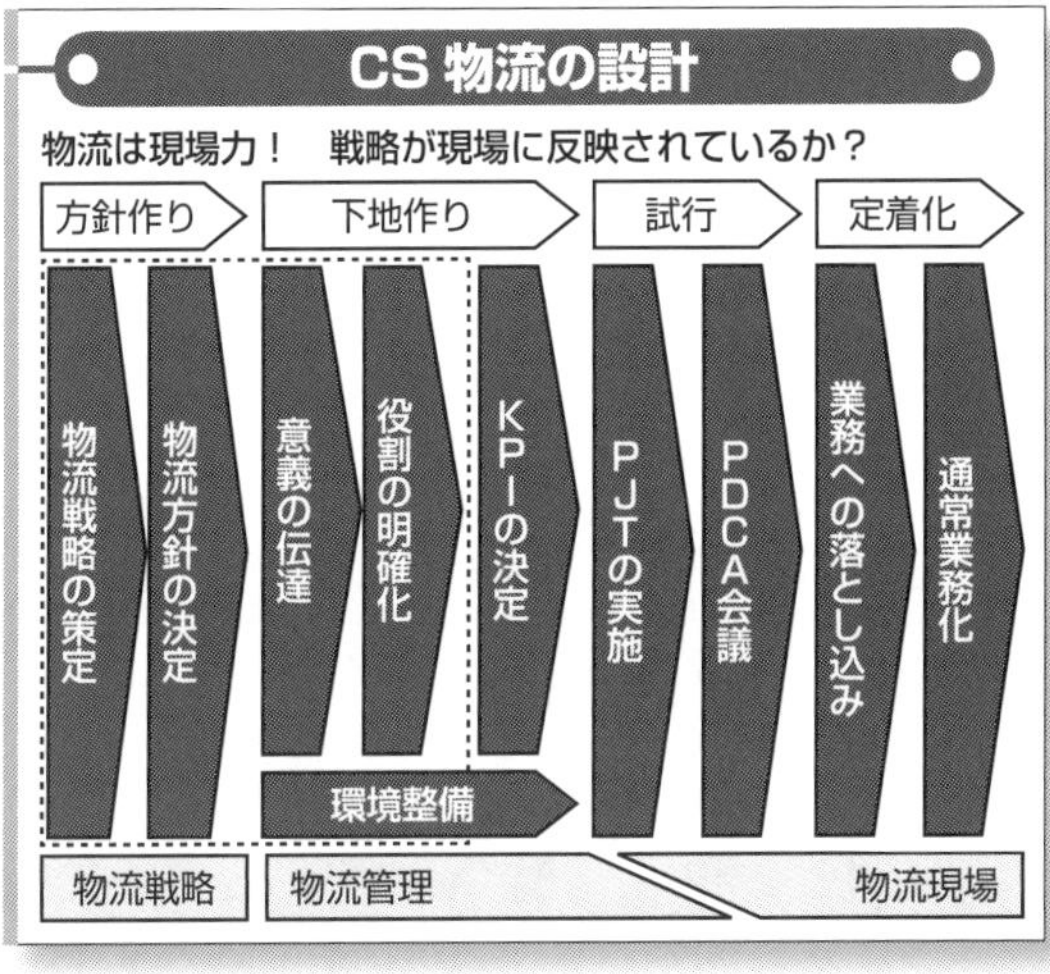

縮のために拠点統合をしようということは考えられませんが、これも実際にあった話です。

ＣＳ物流を実現するには、方針を決め、落とし込む指標を決め、それを実現するプロジェクトを起こし、その成果を通常業務化をしていきます。そして、千三つから、ＰＰＭレベルでの精度に高め、高い品質でムラがないサービスを提供して、物流で顧客満足を獲得するのです。

この物流方針によって、他社との差別化ポイントが明確になります。また、得意先企業からみて自社がどのように映るかも変わります。「あの会社はいつも対応が速いんだよ」「本当に丁寧なんだよな。感心するよ」のようなコメントも、方針とその徹底によって変わります。

第5章

在庫削減手法

5-1 在庫が増える理由（需要予測に頼るな）

今日、在庫を持つことは悪いことのように見られていますが、そうではありません。確かに無駄な在庫をたくさん持ちすぎることは悪ですが、必要なサービスレベルを達成するためにコントロールされた在庫を持つことはよいことです。

まず、注文されたら、早く納品するために在庫は必要です。商品を持っていなければ、注文が来ても対応できず、在庫を持っている競合会社に注文をとられてしまうかもしれません。また、小売業ではサービス率（発注アイテムのうち、何％納品されたか）を規定して、規定値に達しないときにはペナルティを払わせる場合もあります。ですから、顧客の注文に見合うだけの在庫を持つのは当然の話です。

また、会社で作成した販売計画に合わせた生産量を達成するためには、在庫を貯めていく必要があります。販売するためには、商品の現物が必要です。現物がなければ、競合商品が売れることになります。この最高売上を作るためにも、商品を製造し在庫として貯め

なぜ在庫は発生するのか？

『在庫の単純原理』……

「作る（発注する）から増え、売るから減る」

１．在庫には目的がある
- 即納に対応するため
- 欠品をなくすため
- 大ロット生産のほうが製造コストが下がるため
- 販売計画に沿った生産量を達成するため

２．在庫が多くなる理由がある
- 販売量が生産量より少ない（売れない……）
- リードタイムが0ではない（受注生産では間に合わない……）
- 需要予測ができない（人間は神ではない……）

ていっているのです。

　ここからは、なぜ在庫が発生するかの説明をしましょう。これは上の図の水のタンクのように、作る（発注する）から増え、売るから減るのです。

　そして、その増減の幅は、受注と製造との時差の大小の二乗と比例します。需要予測をすれば、在庫が最少になると思われている人もいるでしょうが、需要予測には不確実性があり、これがなくなることはありません。需要予測の時差は不確実性を二乗にしてしまうのです。２日後の需要予測は、１日後の需要予測の４倍難しくなります。

5-2 在庫削減の基本（発注精度UPが最重要）

前項で、需要予測は難しいという話をしました。もちろん、その需要予測の精度を上げる努力をすることは否定しません。しかし、その精度を上げる以上に、やらなければいけないことがあります。

それは、ずばり「発注精度を上げる」ということです。これが、在庫削減の最大のポイントです。

次ページの図のような川の流れを想像してください。川上から流れてくる水の量次第で、川の水の量は変わります。たとえば、川上で止水していたダムが放水すると、一気に水量が増します。逆に、空梅雨のときのように、川上で水が不足すると、川の水は少なくなります。これと在庫の過不足はまったく同じ原理になります。つまり、大量発注すると在庫は過多になり、発注しないと欠品が出るほど在庫は激減します。つまり、発注がすべてを決めると言ってよいのです。

在庫の原理

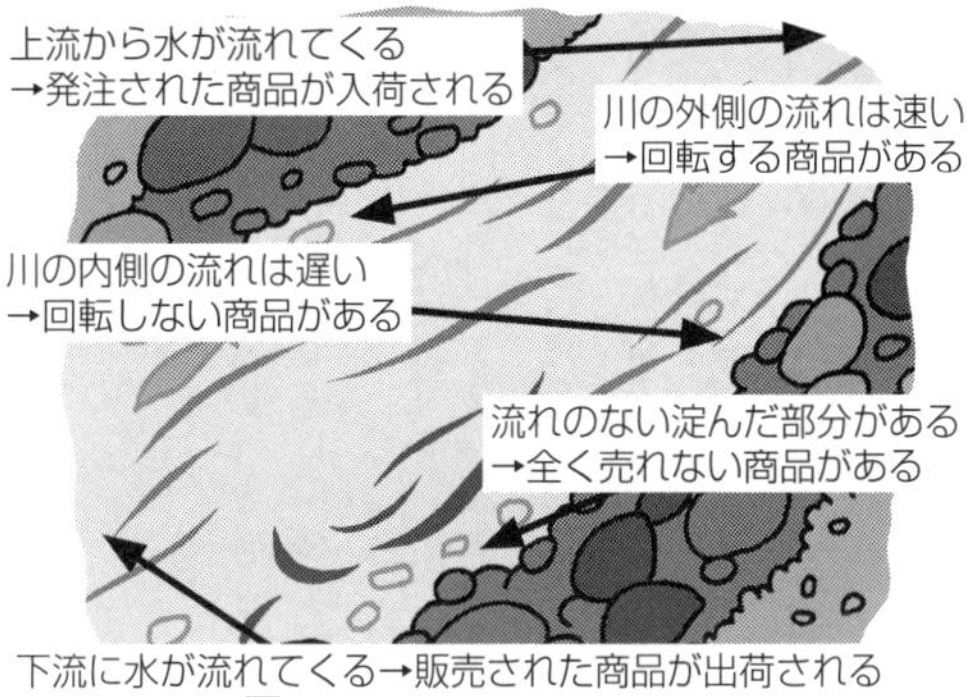
上流から水が流れてくる
→発注された商品が入荷される
川の外側の流れは速い
→回転する商品がある
川の内側の流れは遅い
→回転しない商品がある
流れのない淀んだ部分がある
→全く売れない商品がある
下流に水が流れてくる→販売された商品が出荷される

上流からの水量が減れば、川の水量が減る
→発注される量が減れば、在庫量が減る

発注精度を上げる方法については、第6章で詳しく説明しますが、発注以外にも、在庫を削減する手法がありますので、ここではそれらについて説明しましょう。

川の流れの中では、外側の水が速く流れるところや、内側のゆっくり流れるところ、流れが止まって淀んだところがあります。早く流れるのは売れている商品ですから、どんどん供給します。逆にゆっくり流れるところは、あまり回転しないがなければいけない商品です。淀んだところは、まったく売れない滞留商品です。

以上の原理を頭に入れて在庫をいかに減らすかを考えるのが、在庫削減の基本です。

5-3 不良在庫を削減する①（在庫の「見える化」）

在庫削減をしようというとき、最初に実施することは不良在庫を削減することでしょう。しかし、不良在庫を削減するのは意外と苦労します。なぜなら、現場に行くと、在庫帳簿（コンピュータ記録）にない、ホコリを被った商品を発見することがあるからです。

小さな会社の話じゃないの？と思われる読者もいるでしょうが、大企業でも同じことが起こります。むしろ大企業のほうがそのようなケースが多いのかもしれません。特に、長年同じ倉庫会社に保管を委託している場合や、保管の委託の委託という状態になっている場合は、このような事態がよく発生します。

なぜこうなるかというと、それは、どこかの棚卸しのタイミングで、見つからずに在庫調整をしてしまった場合です。後日見つかっても自社内なら処理しますが、物流会社の場合は先日見つからなかったことがあるので、変なプロの意地で報告しないでいるからです。

また、こんな場合があります。自社で物流を行っていても、在庫の保管方法が確立され

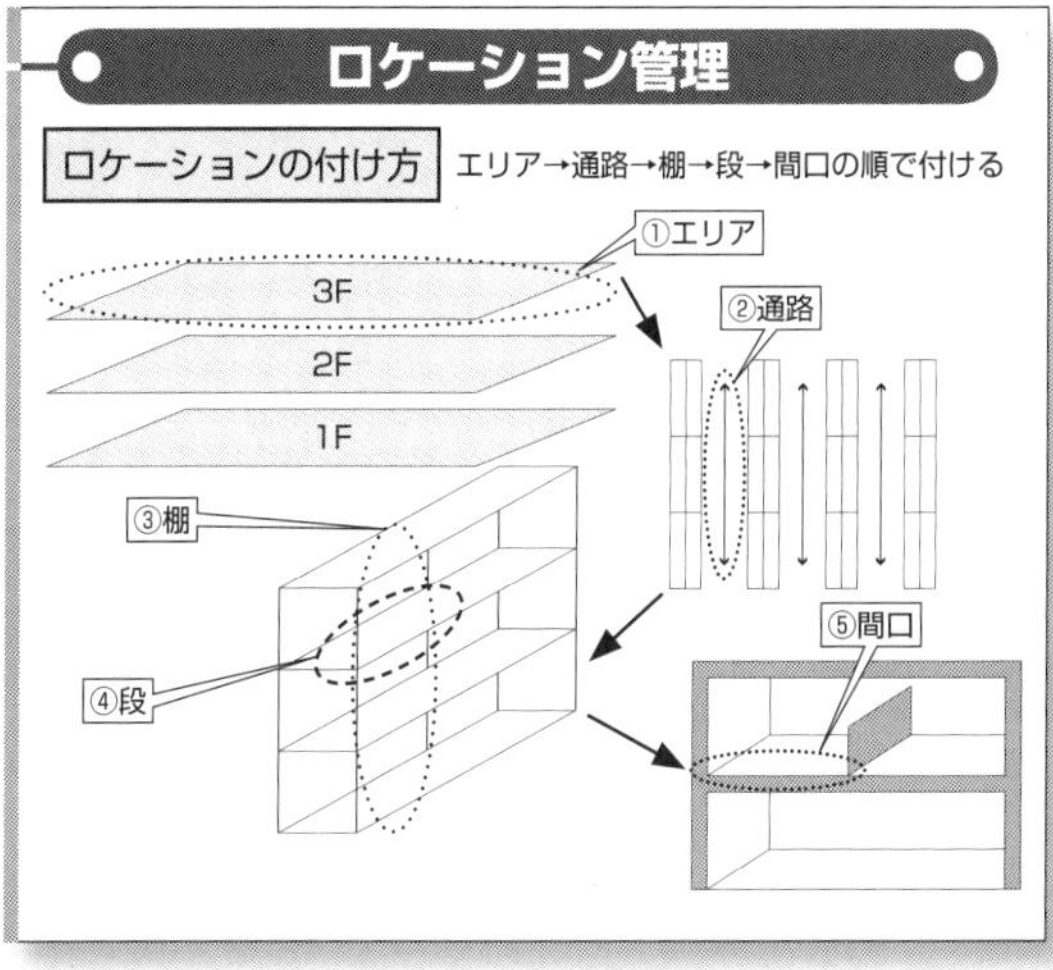

ておらず、ロケーション管理さえもなく、在庫帳簿もない場合があります。たとえば、建設会社の資材置き場やメンテナンス会社の部材置き場がそうです。

その場合、どんな商品が何個あるのかがわからないので、不良在庫を探そうにも探せません。「あれ、どこにある？」「さあ？5分下さい。探してきます」という会話になります。

したがって、不良在庫を削減するには、在庫の「見える化」を行いましょう。在庫の「見える化」とは、①高い精度での数量管理（在庫数把握）、②どこに何があるかがわかるロケーション管理、の2つです。

この「数量管理」「ロケーション管理」の2つが、いわゆる「在庫管理」です。

5-4 不良在庫を削減する②（不良在庫の整理）

前項で説明した在庫管理（数量管理とロケーション管理）ができて初めて、不良在庫の削減に着手することができます。間違った在庫数量をベースに、いくら優秀なロジックでシミュレーションをしても、不良在庫はなくなりません。在庫データに載っていない不良在庫は削減できないのです。

さて、不良在庫を削減する方法は、まず不動在庫を廃棄することから始まります。不動在庫とは、一定期間（たとえば1年）まったく動かなかった商品です。入庫があっても、受注がなければ不動在庫です。大抵は廃棄処分してもよい商品です。もちろん廃棄するにもコストがかかるので、在庫引き取り業者やネットオークション処分会社に販売するのがよいでしょう。

次に、死筋在庫を処分します。死筋在庫とは、ほとんど売れていないか、売れていても微々たる商品です。死筋は、パレート分析（売れている商品から順に、販売数量を累積し

死筋商品のパレート分析

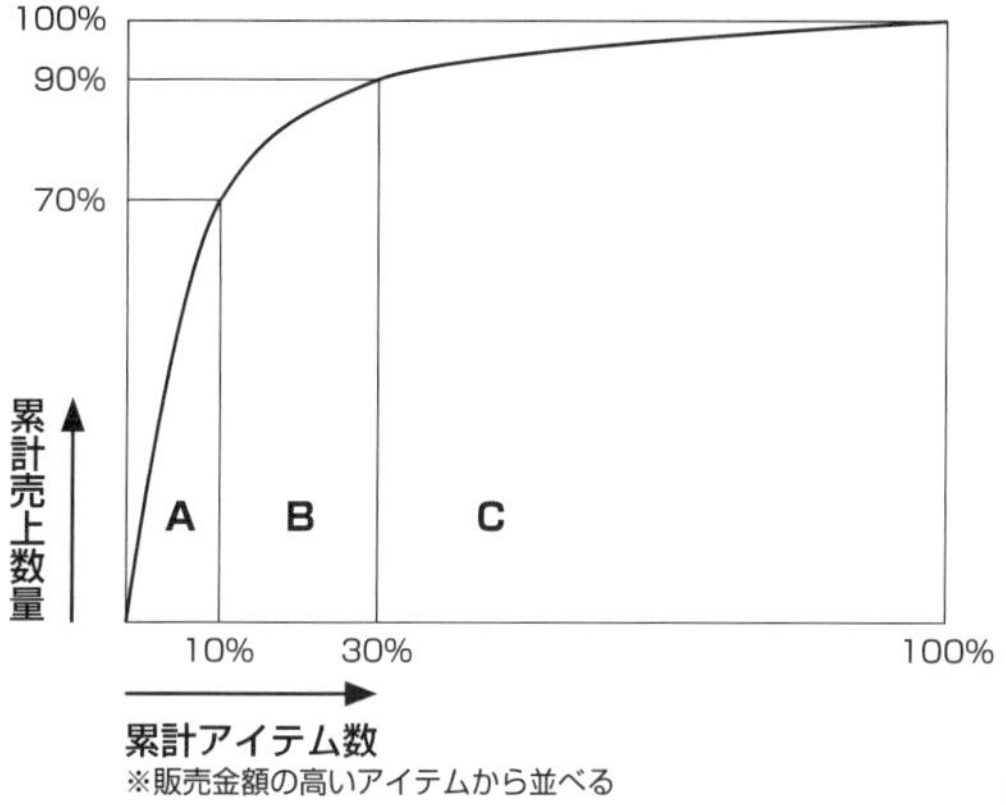

て、分析する）で見つけます。通常パレート分析では、ABCと3ランクに分け、Aは売れ筋商品、Bは品揃え商品（見せ筋商品）、Cは死筋商品となります。しかし筆者の会社では、これをさらにそれぞれ3ランクに分け、A1、A2、A3とします。つまり9のランクに分かれるわけですが、その中のC3を取り扱いを検討する死筋とします。死筋は、全体のアイテムでも1％程度（1000商品中10）程度です。

最近は、いわゆるロングテール戦略として、C3の商品さえも在庫として抱える企業があります。その際には、どのように物流の作業効率を上げるかが、キーとなります。

5-5 返品処理を早くする（注力すべき返品業務）

返品処理という業務は、あまりスポットライトの当たらない業務ですが、本来は企業が注力すべき業務です。この業務を疎かにしたことで、業績悪化を招いたケースがあります。

たとえば、ある企業では、小売チェーン店から多くの返品があったのですが、その処理が後手に廻ることで、他店からの追加発注に対応することができずに、最終的にペナルティを払うことになってしまい、「欠品＋ペナルティ＋企業イメージの悪化」という3つの×（バツ）をもらうことになったのです。

そのほか、返品在庫の処理が遅れるということは、発注者が返品の中に在庫があるのに気がつかないまま追加発注をしてしまったり、商品開発部門が返品情報を持たないまま出荷情報だけを元に誤った商品開発がおこなってしまうなどの弊害を生みます。

逆に、返品業務を改善することができれば、売上の増加につながったり、新製品開発に生かせるようになったりと、企業の業績にプラスに働きます。返品処理を早くスピーデ

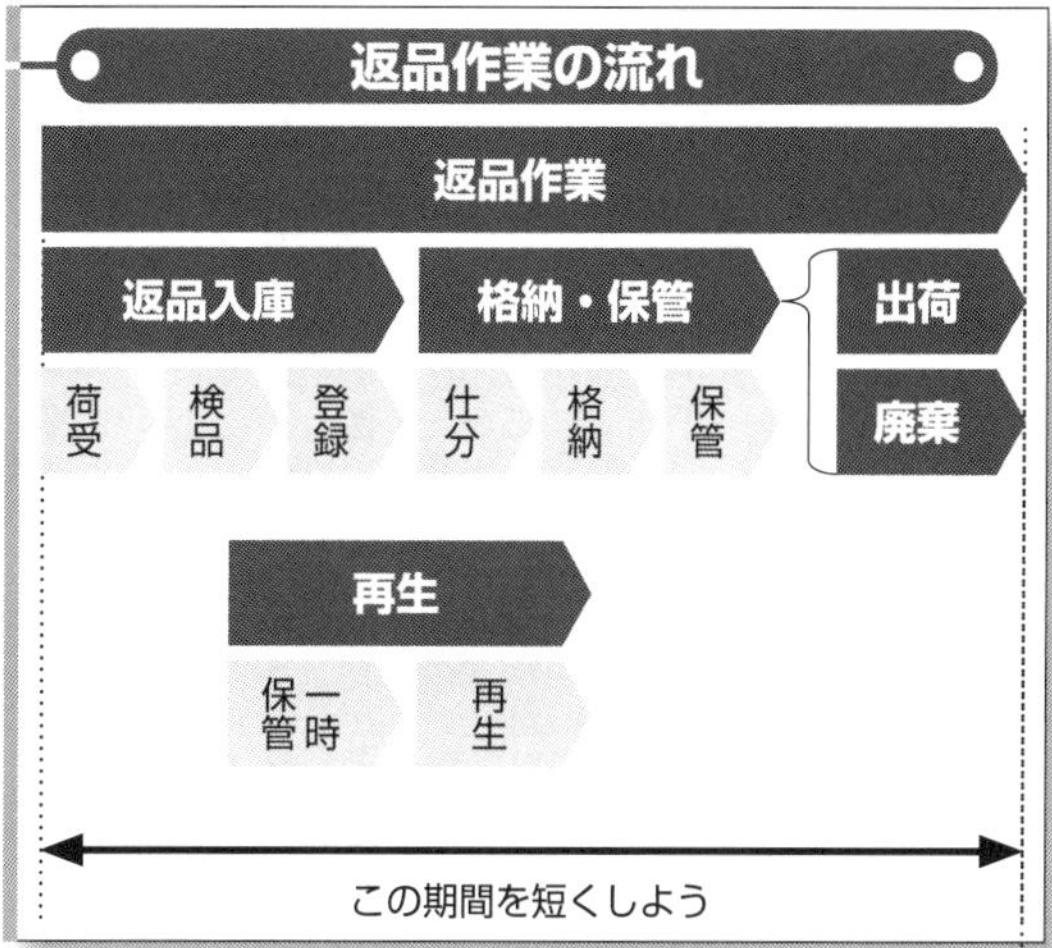

ィーにすれば、他の注文に対して、欠品と返事すべきところが出荷できるので、売上になるのです。そして、シーズン入替時の返品処理を早くすれば、今期商品の追加発注（生産）をどうすればいいのかを判断する材料が増えます。

以上の例のように、返品処理を早くすることで、欠品による追加発注が防げ、発注精度の向上に繋がり、不良在庫になる可能性も減らせるのです。

返品入庫は通常入庫の数倍の手間がかかり、再生作業が加わればさらに手間がかかります。しかし、返品処理をしなければさらにコストがかかるので、返品から在庫戻しまでの標準日数を定めて処理することが重要です。

5-6 在庫拠点を統合する

近年、在庫削減を目的に、拠点統合を行うケースが多くあります。たとえば、関東圏に5カ所あった物流センターを1カ所に統合するといったケースです。5カ所から出荷していた商品を1カ所にまとめると、在庫が大幅に減ります。

なぜなら、商品には最低在庫というものがあります。これは「これ以上切らすと、受注の機会ロスを発生することになるかもしれないので、安全をみて最低限必要な在庫を○個持つ」というものです。この最低在庫は各拠点ごとに設定されており、物流拠点が減れば減るほどその総数が減るというわけです。

たとえば月に1回、1個出るか出ないかという商品があるとすれば、元々の5カ所のセンターでは、欠品にならないように各1個ずつ（計5個）在庫していました。それが統合によって、月に3回、3個程度（1回1個×3回）が、新センターから出荷されることになりました。そうすると、発注後翌日に到着する商品であれば、1個だけを在庫するだけ

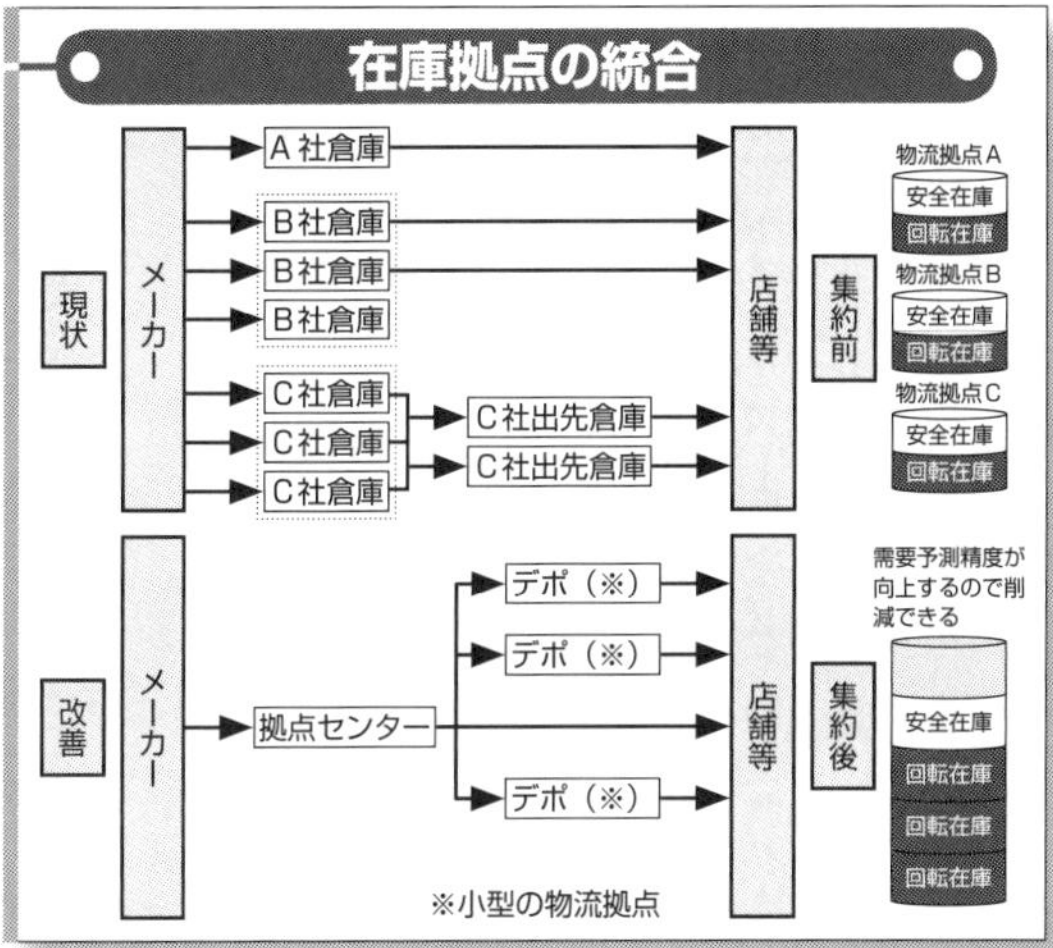

でよいことになります。

結果、在庫は5個から1個へと80％削減されます。このように、在庫拠点を統合することで、在庫数量が激減します。

また、TCとDCの話をしておきましょう。TC（Transfer Center）とは、通過型センターのことを言います。一方、DC（Distribution Center）は、在庫型センターのことです。在庫拠点を統廃合するということは、DCだけのことを言います（巻末資料⑤参照）。

物流ネットワークを考えるときに、物流コストやサービスレベルと検討し、5つのDC拠点を、DC1つとTC2つにしてもよいのです。

5-7 在庫アナリストを作る

在庫を分析する専任者を「在庫アナリスト」と言います。この「在庫アナリスト」という職種を置いている企業は、素晴らしい企業だと思います。滅多にない職種なのですが、この職種を有効に活かしている企業は、非常に効率的な経営をしています。なぜなら、ムダが極端に少ないからです。

そのムダとは、折角作った製品や仕入れた商品が売れ残ることを指します。この売れ残りをなくすことを任務とするのが、在庫アナリストです。

この在庫アナリストには2つの役割があります。1つはリサーチャーとしての役割です。需要動向や生産状況を見て、情報を発注に活かしていきます。統計学に明るい人が、SASなどの有名な統計ソフトを使って分析し、発注量を判断します。

もう1つの役割はブローカーの役割です。ブローカーとは、拠点間やエリア間での在庫を調整し、融通する役割です。たとえば、東京で珍しく派手目な色が売れてきたときに、

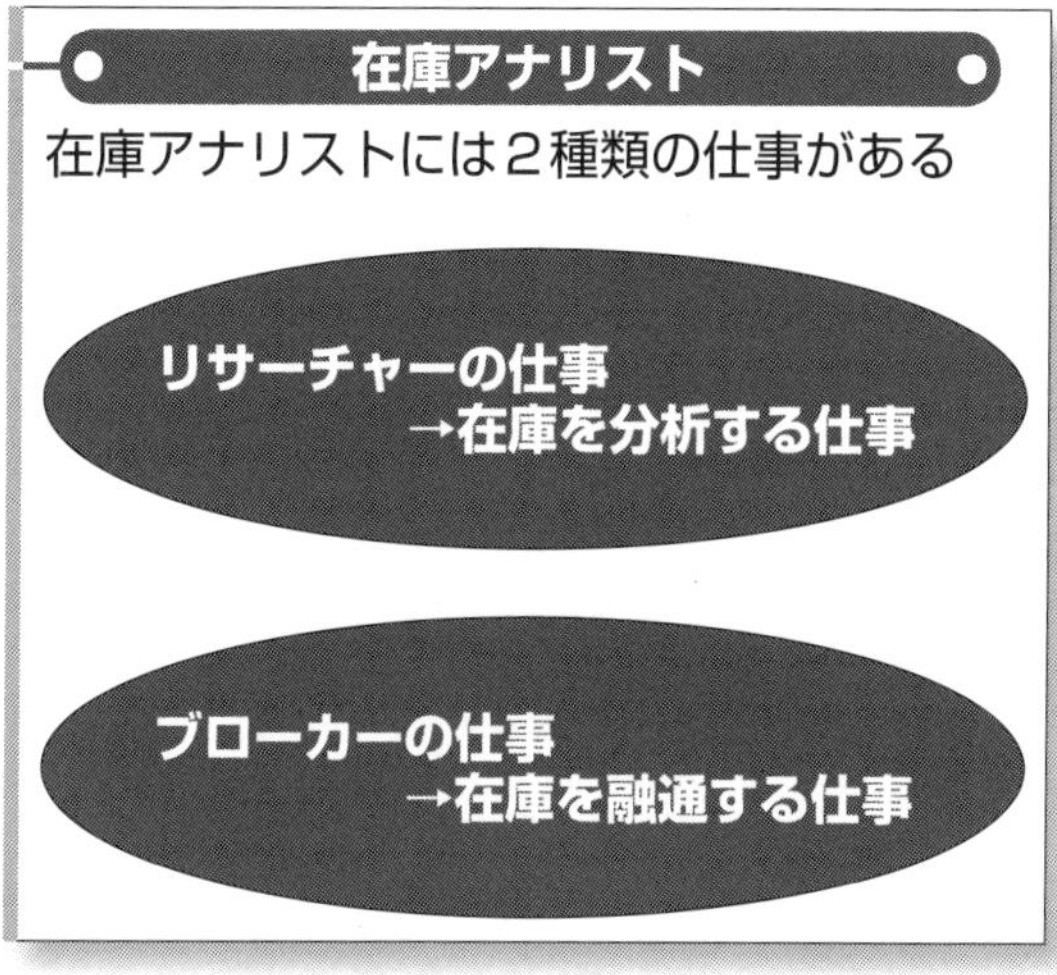
在庫アナリスト
在庫アナリストには2種類の仕事がある
リサーチャーの仕事
→在庫を分析する仕事
ブローカーの仕事
→在庫を融通する仕事

大阪から派手目の商品を移動させるようなことを行います。逆に、東京で売れていない商品を見つけた場合は、売れている場所を探して移動させます。

また、商品価値が棄損し始めたときに、いつ、どのように処分するかを考えて、実行することも役割の1つです。たとえばモデルチェンジした衣類をディスカウントストアやアウトレットに出したり、古くなって陳腐化した商品をネットオークションや中古販売店に出す時期を考えたりします。

これらのことを行うためには、複数拠点の在庫を把握する必要があります。当然物流拠点だけでなく、製造拠点や販売拠点（店舗）での在庫を一元管理できていないといけません。

5-8 在庫を目視確認する

不良在庫を削減するときには、在庫の「見える化」を行いましょうと書きました。間違った在庫数量では、いくら素晴らしい在庫シミュレーションソフトを導入しても、在庫削減はできません。

在庫数量が間違っているかどうかを知るためには、現場に足を運び、変な在庫がないかどうかを見に行く必要があります。また、現場で隠していないかを確認しに行くのです。事実、監査法人が監査先の会社の製造現場に行って、計上されていない仕掛在庫を発見することがよくあるそうです。

もちろん、現場に行くのは、そのような指摘をしに行くためだけではありません。営業や経営側の人間が、物流現場に行くことによって、「この商品ってこれだけ残っているんだ」「まずい。売らないと不良在庫になるぞ」という気持ちになってもらう効果もあります。パソコンの画面上では小さな文字で「1000」と書かれているものであって

在庫の目視確認の重要性

パソコンの画面や書類上では実感が湧かなくても、現場に行けば不良在庫の恐ろしさは一目瞭然である

も、物流の現場では１００坪（３３０平米、15ｍ×22ｍ）もの無駄なスペースを占めている不良在庫かもしれないからです。

実際、在庫の山を見たときには、誰もが緊迫感が沸くことでしょう。

あるゲーム機器メーカーでは、在庫が販売されたはずなのに、ある関連会社の物流センターに山積みになっていたそうです。現場に行くことで経営の現状認識もできるというわけです。

正しい現状認識ができなければ、当然ながら正しい対処策を考えることもできません。在庫に責任を持つ担当者であれば、定期的に倉庫に行って、在庫を目視で確認する機会を作ることが大切です。

5-9 商品の撤退ルールを徹底する

商品企画をして、製造して、商品を投入するまではよかったものの、その後の販売が芳しくないという商品の例は、巷にはたくさんあります。販売するまでは、「絶対売れるぞ」と信じ切っていたのが、販売してみると「そんなの要らないよ」となってしまいます。

そのような事態になると、販売価格を抑えるために大量に生産した商品が、ほとんど売れ残ってしまうことになります。

それを回避するためには、顧客にとってその商品が買いたいものかどうかを聞く場が必要です。それを「フォーカスグループ」と言います。ターゲットになる顧客を呼んで、ざっくばらんに、その商品のことを話してもらうのです。そこで売れるかどうかの判断をします。また、初期投入と本格導入の2回に渡って生産するという方法もあります。初期導入時には、販売テストに適した店舗などで販売し、決めた期間に決めた数量が販売できれば、本格導入します。このような手法によって、商品投入時に存在する大量売れ残り在庫

撤退ルールの徹底

◆プロダクトライフサイクルに沿って、市場投入すべきか、市場撤退すべきか、在庫廃棄をすべきかを意思決定する

商品の生涯を４つの段階で表すのがプロダクトライフサイクル。それぞれの期間で、商品の販売政策や販売量、利益が変わってくる

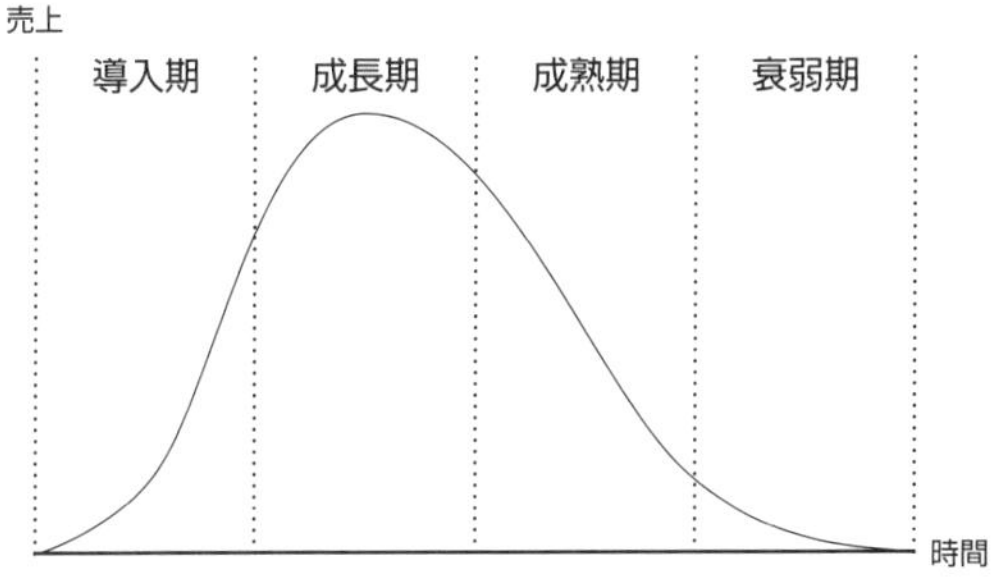

のリスクを回避できます。

また、当初は売れていても、上の図のプロダクトライフサイクルの通り、売れ行きが落ちてくるときが必ず来ます。その時期に、商品販売を継続するかどうかの判断をしないと、在庫が溜まっていく原因となります。

これは、先に話したパレート分析での、C1やC2、C3での判断となります。このケースでは、1カ月間動かないとかの、期間を決めての判断が適切です。

これらの撤退ルールを厳守することで、在庫拠点で、ホコリを被った商品が減り、全体の在庫回転が上がり、キャッシュフローが大幅によくなるでしょう。

第6章

発注精度を上げる

6-1 発注精度を上げる8つのコツ

在庫を減らすために一番効果的な方法は、発注精度を上げることだと前章で説明しました。では、どうやって発注精度を上げればいいのでしょうか？

最近、多くの企業では「ロングテール」という、典型的な品揃え戦略だけでなく、少アイテム数の取扱だった商品を、顧客ニーズに合わせて、アイテム数を増やしています。

たとえば、コカコーラの例を出すと、当初は190mlビンだけだったのが、ペットボトルができ、ボトル型アルミ缶ができ、しかも、容量も1500ml、500ml、350ml、250ml、160ml、400ml、190mlと7パターンも増やしています。さらに、ノーカロリーコカコーラやコカコーラゼロと、商品ラインアップも増えています。

このような複数のアイテムの需要予測と、190mlのコカコーラだけの需要予測では、どちらの予測が簡単かというと、当然190mlビンだけの場合です。商品アイテム数が

発注精度を上げる8つの方法

①実売重視、予測軽視
予測を減らし、実売情報活用で確実性を増やす
②スピードアップ
参考データ発生から、納品までの時間を早くする
③発注支援システムの活用
発注支援システムで、人による判断の精度を上げる
④変動発注点法
発注回数を増やし、都度発注点を計算する
⑤見える化
在庫状況や販売状況が常時見えるようにする
⑥ビジュアル化
人が一目で判断できるように、ビジュアル化する
⑦重点化
判断すべきものだけに、時間を割けるようにする
⑧在庫責任の明確化
過剰在庫の責任所在はどこかを明確にする

増えれば増えるだけ、需要予測は難しくなり、発注数量と実販売数量の差が増えます。言い換えれば、売り切れによる機会損失や、売れ残りによる在庫ロスや在庫金利が発生してしまいます。そのため、発注精度を上げなければなりません。

発注精度を上げるには、上の図のように8つのコツがあります。この8つのコツには、2つの根本的な考え方があります。1つは、「不確実性を排除する」こと。もう1つは、「人の判断が一番正しい」ことです。

主要な点については、次項より解説いたします。

6-2 コツ①実売重視、予測軽視

予測は大切なことですが、ビジネスをする上で予測というのは危険なリスクです。明日の天気予報でさえも正確に当たらないのに、1週間後の天気予報を当てようというのは、意味があることですが、チャレンジです。

ビジネスにおいては、需要予測が外れると、機会損失や在庫ロスが発生し、場合によっては、経営破綻につながることもあります。

したがって、できるだけ判断するタイミングをギリギリまで引っ張ります。たとえば、ポロシャツが今夏にどれだけ売れるかがわからないときは、とりあえず生産工場のラインは借り切ったまま、シーズン前に予想の3分の1を製造し、売れ行きを見てから3分の1を作り、最盛期に残りの3分の1を作るのか、あるいはもっと多く作るのか判断するという方法を取ります。これによって、予測と実売の差をなくそうとしているのです。

小売業や卸売業の場合、在庫が川上にあるという前提で、売れた分だけ発注するという

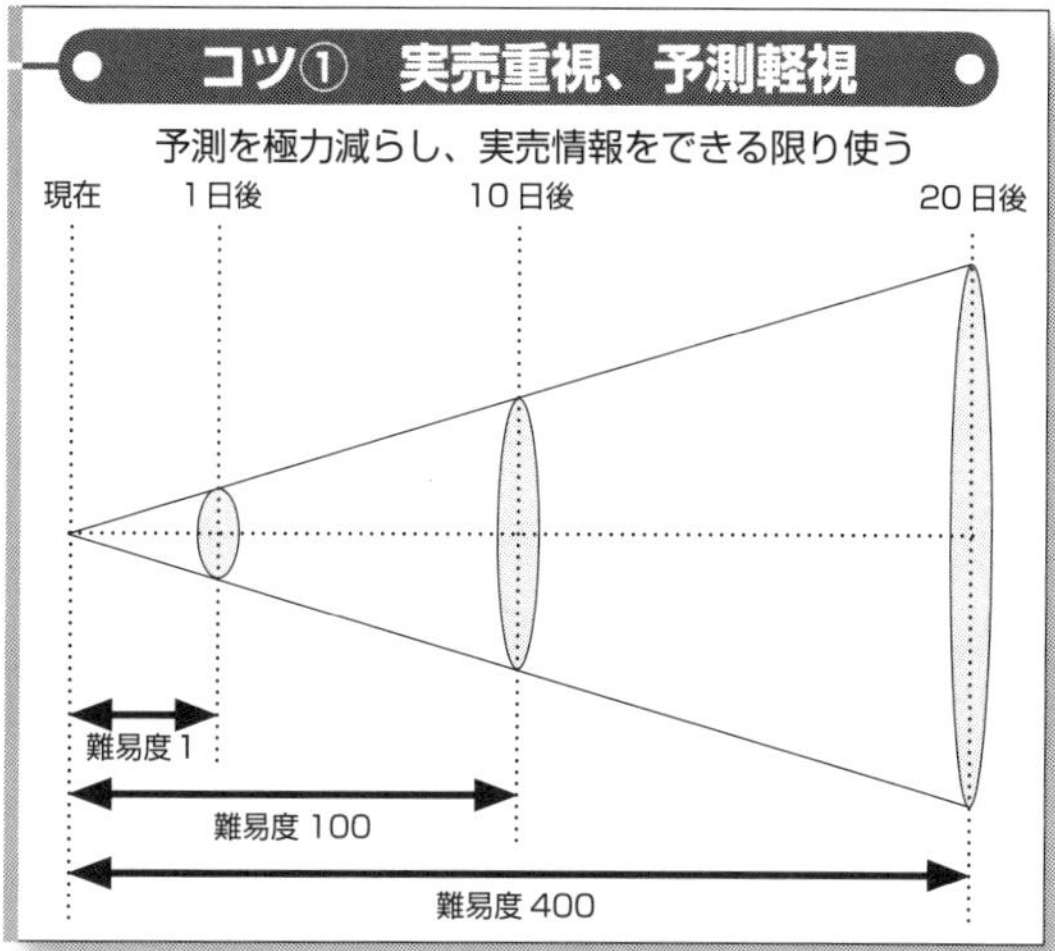

在庫補充方式を取れば、リスクは極端に少なくすることができます。

一方、製造業においては、実売だけに頼ると、生産が納期に間に合わない場合がありま す。その場合でも、できるだけ直近の実売情報を重視し、予測の割合を減らすということが鉄則だということは変わりありません。

6-3 コツ②スピードアップ（参考データから納品まで）

「実売重視、予測軽視」によって、できる限り、直近の実売情報を使えるようにしたほうが発注精度が上がることを理解いただけたと思います。

そのためには、今から説明するリードタイムを減らすことが必要です。

それは、発注に使う参考データの発生時点から販売先への納品までの時間を指します。このリードタイムをスピードアップさせるのが、2つめのコツです。

このリードタイムには、3つの構成要素があります。1つめは、発注するタイミングで、取得できる参考データの鮮度です。このデータがリアルタイムであれば申し分ありませんが、これが1週間後となると精度が大幅に悪くなります。

次の構成要素は、仕入先に起因する時間です。仕入先に発注してから、自社に納品されるまでの時間です。仕入先の発注時間から納品時間が2つ目です。

最後の構成要素は、自社の物流に関わるものです。自社に納品されてから、お客様に納

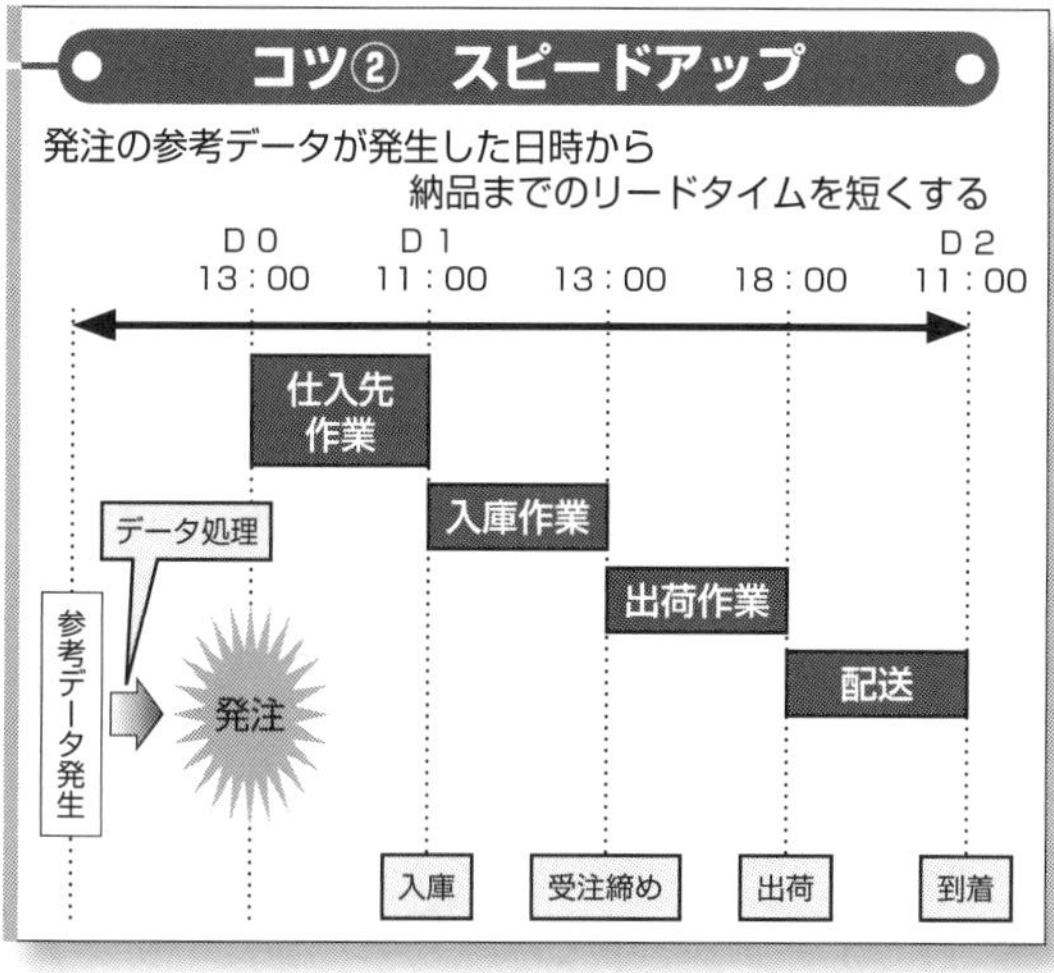

品されるまでの時間です。これが店舗であれば、お客様が買うまでの時間です。

自社がＴＣであるのか、ＤＣであるのかや、仕入先が受注生産なのか、見込み生産なのかによって、時間の掛かり具合が変わってきます。また、対策も変わってきます。

最近増えているＶＭＩ（Vendor Managed Inventory）方式であれば、発注から出荷・納品までの時間がかなり短縮されます。発注する会社にとって、在庫を最少に押さえ、発注精度も大幅に上がる手法になるのは、このスピードアップのコツを最大限使っているからです。

6-4 コツ③発注支援システムの活用

多くの企業では、発注作業にエクセルを使っています。中小企業だけでなく、大企業であってもアイテム数が少ない企業は、販売データをデータベースから引っ張り出し、エクセルに貼り付け、今後の販売予測をし、発注数量を決めています。

これまではそれでも良かったのですが、最近はこのやり方では限界が来ています。

その理由は2つあります。

1つはアイテム数が増えたことです。同じプロダクトラインでも、容量の種類が増えたり、特定販売チャネル向け（百円ショップなど）やホールセールクラブ（コストコなど）の商品を作るなど、商品SKU（在庫管理の単位）数が増えています。また、飽きやすい消費者向けに、新商品の投入数が増えているという消費財メーカーがほとんどです。

もう1つは発注サイクルが短くなったことです。これまでは、週1回の発注でよかったのが、毎日発注になったり、月1回の生産計画でよかったのが、週1回に変わり、同時に

コツ③　発注支援システムの活用

発注支援システムの重要性

◆発注支援システムがなくて、本当に正確な発注ができるのか？

<u>会社Ａでの例</u>
取扱商品：8000アイテム
発注担当者：２名
発注判断資料：ＭＳエクセル
発注方法：ＦＡＸ

１人１日………4000アイテム発注
１人１時間……500アイテム発注
１人１分………8アイテム発注

発注も週1回になったりと、発注サイクルが短くなっています。短くなった理由は、ＳＣＭの進展で、できる限り不確実性を排除して発注したいので、できる限り販売までの時間に近づきたいと考えるからです。

このような理由で、ほとんどの企業では、発注数量の決定にエクセルでは限界が来ています。たとえば、上の表を見て下さい。８０００アイテムを持つ企業で、担当者が2人いる会社では、毎日発注しようとすれば、１人８アイテムの発注数量を決めて、発注しなければなりません。現実的に、そのようなことは不可能ですから、「発注支援システム」と呼ばれるシステムを導入する企業が増えています（巻末資料⑥参照）。

6-5 コツ④変動発注点法　その1

発注精度を上げるには、発注の参考にする実売データの発生日時と、商品を顧客に納品されるまでの日時をできるだけ短くすることが原則です。

リアルタイムであれば、今の実売データを見ながら、発注数量を検討して、発注します。最近コンビニでは1時間や3時間ごとの天気予報を見ながら、発注数量を判断するようになりました。

その際、発注すべきか、すべきではないかや、何個発注すべきかについて、即座にコンピュータで指示があれば、スピーディーに発注数量の決定ができます。

ここで再度お話しますが、発注精度を上げる原理原則は、「不確実性を排除する」「人の判断が一番正しい」という2つです。したがって、最終決定は、人が実施します。その人による決定の前に、コンピュータで算出し、指示を出したいのです。

その算出方法は色々ありますが、よく使われる方法は**発注点法**です。欠品にならないよ

コツ④　変動発注点法（1）

発注点法

事例：部品の組み立て販売を行う組立工場
毎日発注する機会があり、3日後に納品されている部品があるが、発注点を切ったときだけ、一定量（1日平均使用数量×調達日数×αなど）を発注する

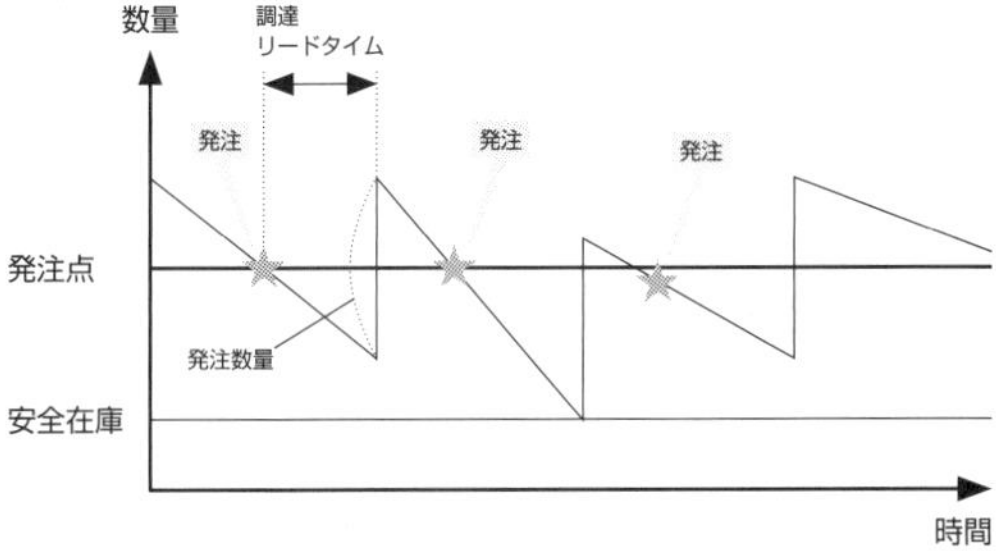

うに、残り個数が一定数（発注点）を切ったときに発注するという方法です。

発注点の計算方法は、次の式のとおりです。

1日平均使用（販売）個数×調達リードタイム（日数）＋安全在庫

発注点を切るまでは、発注しません。発注点を切ったときに一定量を発注します。

この方法はコンピュータでの管理がしやすいので、多くの会社で使われています。販売管理ソフトや在庫管理ソフトには発注支援のための機能がついていますが、たいていは発注点を自社で入力し、発注点を切ったらアラートを出すという簡便なものでしかありません。

6-6 コツ④変動発注点法　その2

前項で説明した発注点法には問題があります。それは欠品の可能性があるということです。なぜなら、販売量は毎日一定ではありません。プロダクトライフサイクルのグラフのようにどんどん売れる時期があれば、売れなくなっていく時期もあります。また、飲料のように気温が25度を超えると売れ出す商品もありますが、毎日25度を超えるとは限りません。したがって、発注点を切ったときに一定量だけを発注していては、売れ残りロスや販売機会ロスの可能性があるのです。

この問題を解決する方法の1つとして、直近の売れ行きを判断して日々の発注量を変えることを薦めています。それを変動発注点法と言います。メーカーでも使えますが、特に小売業や卸売業では、有効な方法です。

過去の販売数量を見て、発注して納品されるまでの時間（調達リードタイム）の間に売れる個数を発注支援システムなどではじき出し、販売予測数量から現在庫数を引いて、安

コツ④　変動発注点法（2）

変動発注点法

事例：食品スーパー
毎日午後発注して、翌日朝に納品されている商品がある。発注①では売れ行きが通常どおりなので、通常どおりの発注量を発注した。翌朝商品が入荷されたが、本日は売れ行きがいいので、発注②では通常以上の量を発注した。しかし、翌日はあまり売れず、発注しなくてもいいかと思ったが、万が一昨日のように売れることに備え、少しだけ発注した。

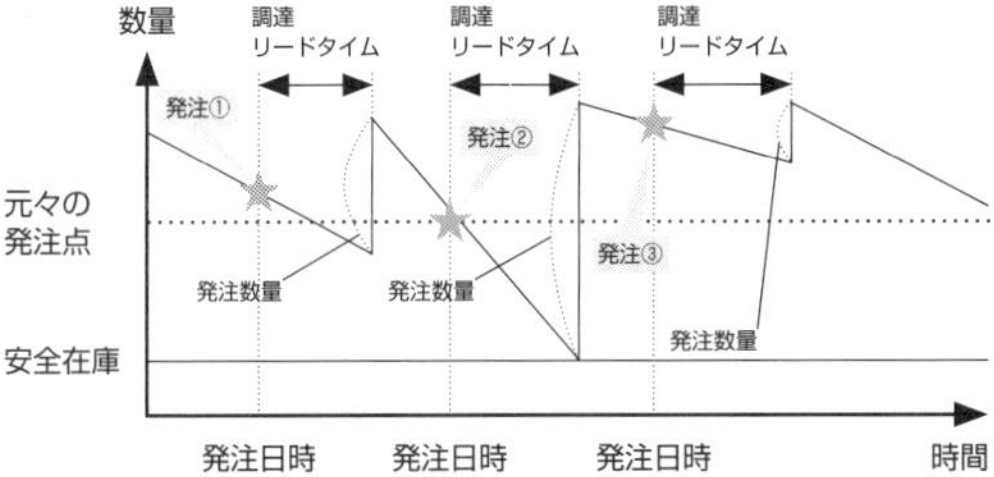

全在庫数を足した数だけを発注する方法です。

発注点は一定ではなく、前回は15個、今回は10個と発注点が変わります。その毎回変化する発注点よりも在庫量が多ければ、発注は不要です。

変動発注点法は、販売数量に波がある商品や発注頻度の高い業態で力を発揮します。

通常、販売システムや在庫管理システムにある発注機能は、発注点方式を採用している場合がほとんどです。なぜなら、開発が簡単だからです。

しかし、現実的には、変動発注点のほうが在庫を減らすのに有効です。

6-7 コツ⑤見える化

変動発注点法に基づいて毎日発注をする場合、本日の在庫数量がわからなければ、発注しようがありません。「これくらいあったかなあ」と想像しながら発注すると、人間心理的に、間違いなく安全を見て、多目に発注してしまいます。したがって、在庫数量や販売数量はできる限り、直近のものを見ながら、発注数量を決めるべきです。できれば、リアルタイムの情報がベストです。

発注に使う参考データの発生時点から、販売先への納品までの時間は、短ければ短いほどよいことは、コツ②スピードアップで解説しました。

この見える化は、発注に使う参考データの発生時点と、発注する時間を極力短くするための方法です。参考データがリアルタイムにわかれば、参考データの発生時点と、発注する時間との差はゼロです。

また、この「見える化」は参考データの精度向上の方法でもあります。

コツ⑤　見える化

1.　より新鮮な情報を！

- 販売状況や在庫状況は、新鮮であればあるほどよい
- 可能であれば、リアルタイムの情報がベスト
- 新鮮な情報を使うことが、精度向上に有効である

2.　より正確な情報を！

- 販売状況や在庫状況は、より正確なものを使う
- 取り置きや予約販売などの情報もあったほうが精度が上がる
- 顧客からの在庫問い合わせや納期問い合わせなどの付帯情報もあればプラスである

たとえば、予約商品は一般に予約されても、お金もいただいていないですし、販売数量にカウントされていません。しかも、店頭に在庫はあります。しかし、その予約の数量も見えるようになれば、より精度が上がります。販売予約が1つされていて、販売可能在庫は1つ少ないということがわかるからです。取り置きも同じです。当店で取り扱っている珍しい焼酎が雑誌に紹介されて、常連さんからケース単位での取り置きの電話が数件入ったら、その取り置き分はすぐに発注をしないといけません。後手を踏むと蔵元の在庫がなくなってしまうかもしれません。

在庫数量や販売数量は、より新鮮なものをより高い精度で、「見える化」しましょう。

6-8 コツ⑥ビジュアル化

繰り返しますが、発注精度を高めるには「人の判断が一番正しい」というのが原則ですので、先に話した変動発注点法に基づいてコンピュータが算出した発注量そのままで発注をしてはいけません。

なぜなら、コンピュータが算出した発注数量は、あくまでも試算数量であって、暫定数量にすぎません。実際に発注担当者が見て、発注数量を決めるのです。

しかし、先に話したとおり、1つの商品の発注量を決める時間は短いので、人間が瞬時に判断できるようにしなければなりません。

そこで、6つのコツ「ビジュアル化」が出てきます。

つまり、次ページのグラフのように、人が一目で判断ができるように、ビジュアル化するのです。この毎日の売れ行きがグラフで見えると、その商品が右肩で売れているのかどうかや、異常値（小売では運動会、メーカーではチラシでの目玉掲載など）が出ているの

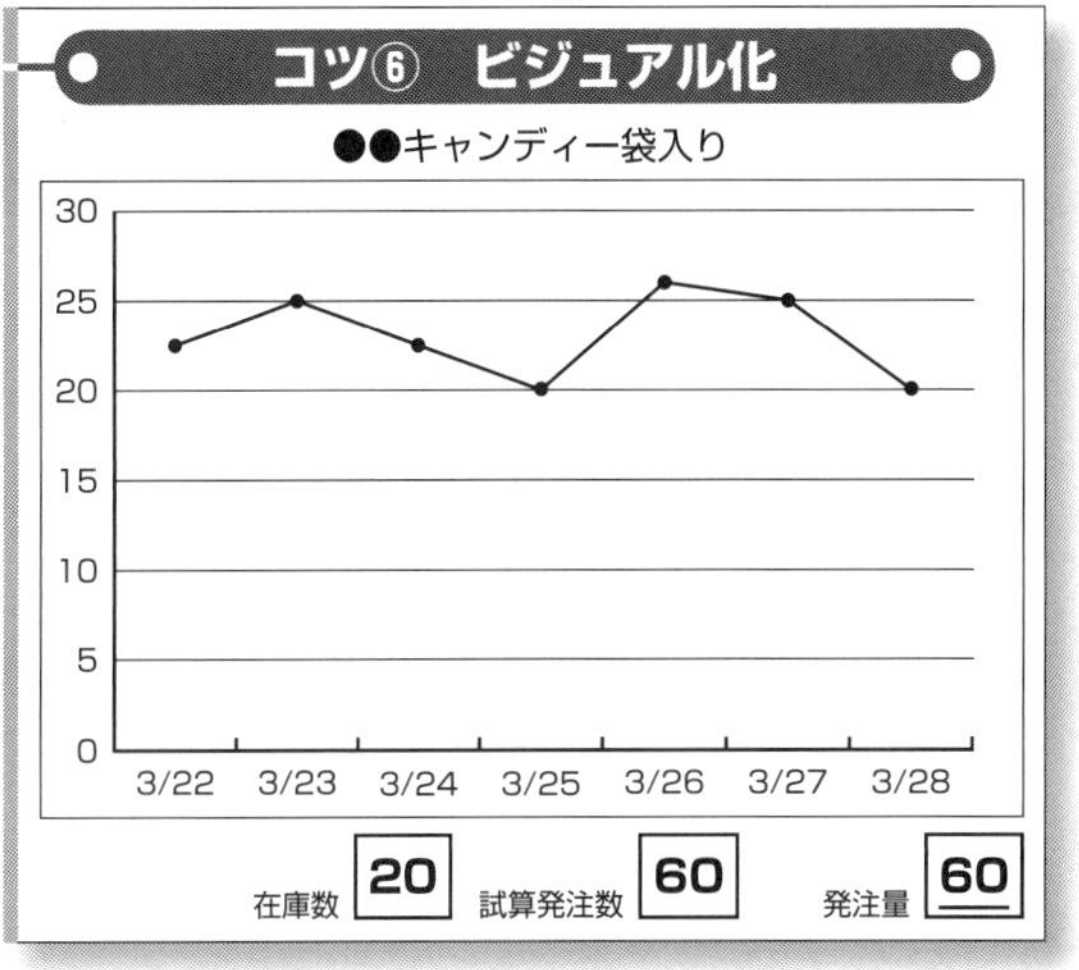

かが一目でわかります。コンピュータも万能ではありませんので、最終的には、グラフなどを見て判断します。

また、もう1つ気をつけることは、瞬時に判断するために、ビジュアル化しているのですから、ディスプレイに出る数字は大きくしましょう。小さな文字では瞬時の判断はできません。また、情報は厳選して少なくすることも速く正確な判断には必要不可欠です。

このコツを学んだ企業の話を聞くと、これによって、発注者の負担が大幅に軽減されたそうです。

6-9 コツ⑦重点化

すべての商品について、発注業務を毎回精緻に行うことは不可能です。

現行でも、中小企業を中心に、「えい、やー」で発注されている企業が大半です。失礼な話ですが、それが現実です。しかも「コツ③発注支援システムの活用」で説明したとおり、無茶な環境で発注担当者に任せているのですから、適当にならざるを得ません。そのような状況で欠品に関してはこっぴどく営業から言われるので、多め多めに発注します。そして、在庫が多くなります。

しかし、これは発注担当者が悪いわけでなく、そのような状況を作っている経営者の責任です。

発注数量の判断を、すべての商品でできないかもしれないという前提と、発注担当者の判断能力は朝より夕方のほうが落ちるという前提に基づいて考えると、発注判断する商品の優先順位を考えなければなりません。つまり、より正確に判断しなければならない商品

コツ⑦　重点化

◆発注する順位を決めて、確実に発注処理をしていく

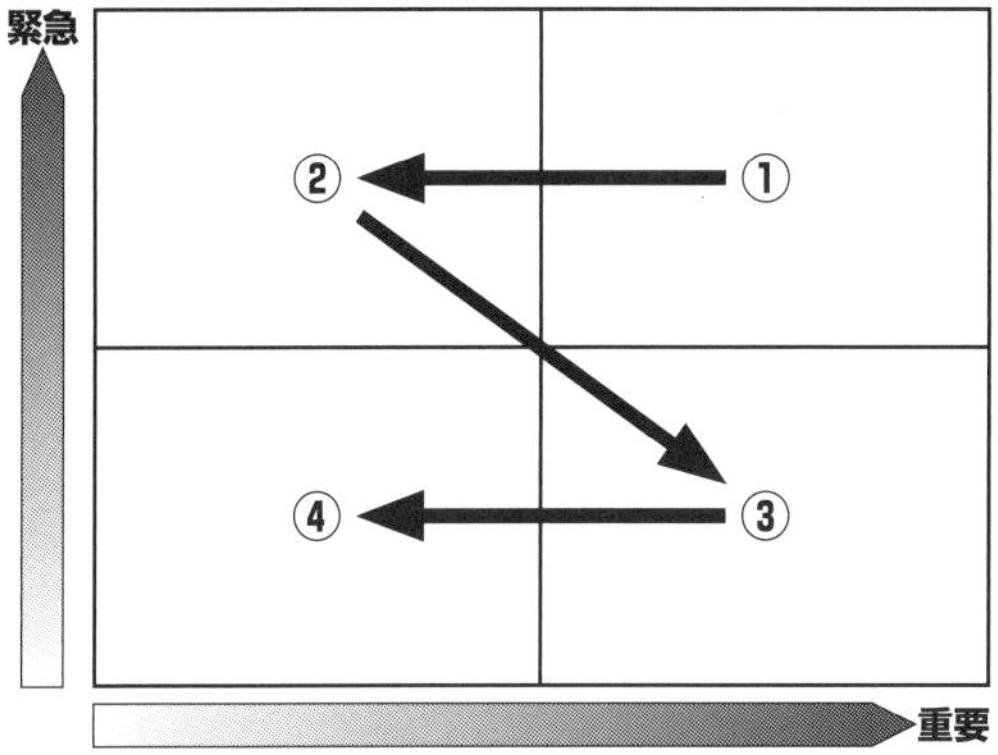

発注を先に実施して、重要性と緊急性が低いものは、担当者が確認しなくても、コンピュータの試算そのままで発注してもよいという考えです。

明らかに、今欠品となっている商品は発注漏れをしてはいけませんから、先に処理します。また、主力商品に関しても欠品してはいけませんし、数量も多いので、在庫削減をするために在庫コントロールをしなければなりません。じっくり考えるためにも、先に処理します。

このように、発注の優先順位を考えて、処理していくコツを「重点化」と呼びます。

6-10 コツ⑧在庫責任の明確化

多くの企業では、過剰在庫の責任が曖昧になっています。なぜなら、在庫は仕入（製造）担当だけの責任ではないからです。つまり、営業から出てくる販売予想数量は、全体の売上額は近い数字になっても、個々の商品の販売数量は、予実で大きく違っていることが多いからです。また、製造に関しても、前もって原材料を発注して、計画に基づいて製造していますから、急に止めたり、急に増やしたりすることもできません。

しかし、在庫責任を誰も負わないというのは、経営的にみて非常にリスキーです。在庫というのは現金と同じですから、過剰在庫が発生して、不良在庫として処分すれば、損失が出てしまいます。

では、誰に責任を持たせればよいのでしょうか。

営業部門なのでしょうか、それとも製造（仕入）部門なのでしょうか。

正解は両方です。営業部門にも責任がありますし、製造（仕入）部門もそうです。基本

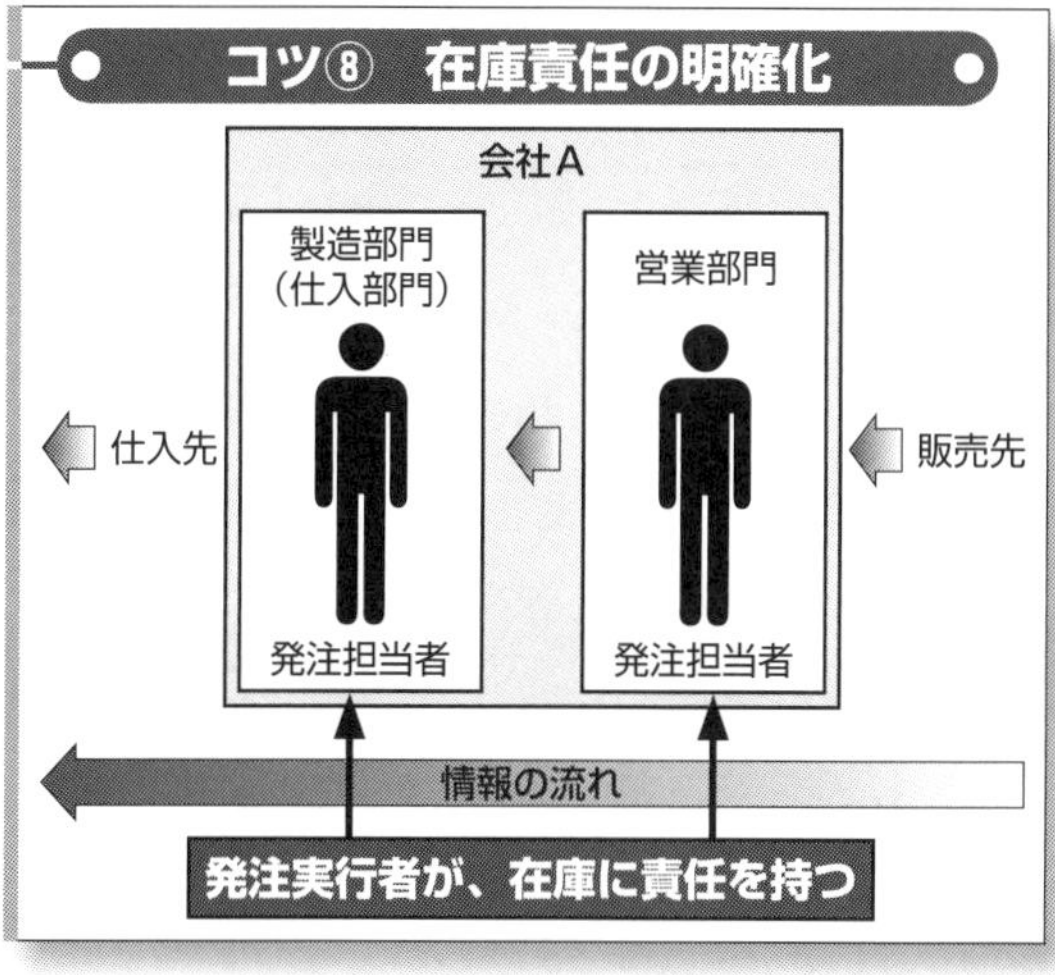

的には、発注するという行為をしている実行者が、在庫責任を持つ必要があります。責任を持って発注しなければ、在庫が過剰になったり過小になったりしてしまいます。

たいていの会社の中には、営業部門と製造（仕入）部門があります。したがって、それぞれの部門で、発注担当者を置くことで、発注実施者が責任を持てる体制をつくることができます。

企業によっては、営業部門に仕入部門所属の担当者を置いているケースもありますが、これも同じことです。営業側にも仕入側にも発注担当を置いて、発注責任を持たせているわけです。

第7章

物流改革の企業事例

7-1 資生堂　SCM改革で、偏在在庫・欠品をゼロへ

年商約7000億円を売り上げる資生堂は「品切れは罪悪」「偏在は極悪」を合言葉に、2001年度からSCM改革を行い、在庫と欠品を大きく削減させました。

化粧品業界では一般に不良在庫の償却が多いのですが、これも大幅に減らしました。

そのSCM改革を一言で言うと、店頭情報を基点に「お客さまの求めるもの」を「必要な量だけ」「タイムリーに」生産・供給する仕組みを作り上げる取り組みでした。

そのために、まず商品開発・マーケティングでは、ブランド体系の見直し、品種数の削減、新製品発売品種数の削減を行い、営業では、得意先との賞酬金体系の仕入基準から店頭売上基準への改定、「販売計画精度」の支社評価項目への追加などの評価制度の改定を行いました。

次にロジスティクスに関わる点では、生産とロジスティクスが、生産瞬発力の向上や需要予測制度の向上、偏在縮減・品切れ防止の仕組みづくりを実施しました。

需要予測精度を向上させるのに、資生堂では2つのシステムを開発して、改良を続けています。

1つはSQR21（Shiseido Quick Response 21）という、新製品発売前の店頭予約状況や販売員の評価を需要予測に活かすシステムです。また発売前の生産を実需にあわせた分割生産に変えたことも精度を向上させた大きな要因です。以前なら、60日前に生産全数量を決めていたのを、40日前に80％分だけ決めることになりました。

もう1つの予測システムは、ATARUKUN2004というチャネル別販売予測システムです。これは、日別の店頭POS・出荷データから当月の店頭売上や販社出荷を推定し、過去データと直近3カ月の伸長率をベースに、先行8カ月の店頭売上・販社出荷を予測するものです。

当時資生堂ロジスティクス部理事の岡崎和夫氏は、予測精度向上のポイントは、①独自の予測システムをもつこと、②営業からの情報を鵜呑みにしてはいけないが十分なアンテナを張ること、③〝新製品の予測は当たらない〟を前提として、供給計画を社内で共有して、予測のズレの責任は全員とすること、そして、④販売が上方変動したときは、生産部門の生産瞬発力に期待することなど、核心を突いた発言をしていました。

また、品切れ防止への施策として、リードタイム短縮を行いました。物流では、祝祭日稼動を始め、品切れ商品の工場から商品センターへの直送を行いました。生産では、長時間稼動体制を作り短サイクル生産を実現しました。

このような「生産瞬発力の向上」「需要予測精度の向上」「偏在縮減・品切れ防止の仕組みづくり」で、大幅な在庫削減と欠品率削減を実現できたのです。

さらに、その間に、在庫差異は、0.2％（2000年）から0・002％（2005年）へと大幅に改善しています。これも欠品防止や予測精度向上に貢献しているはずです。

資生堂では、グローバル市場における拡大を視野に、さらに改革を進めています。日本のナンバーワン化粧品会社として、今後の活躍が期待されています。

ケース解説①　資生堂

資生堂が考えるロジスティクス部門の機能

商品開発～営業のサプライチェーンにおける全体最適の視点でマネジメントし、在庫の適正化、品切れ防止、物流コスト削減などにより、グループ全体の収益性向上に貢献する役割を担っている

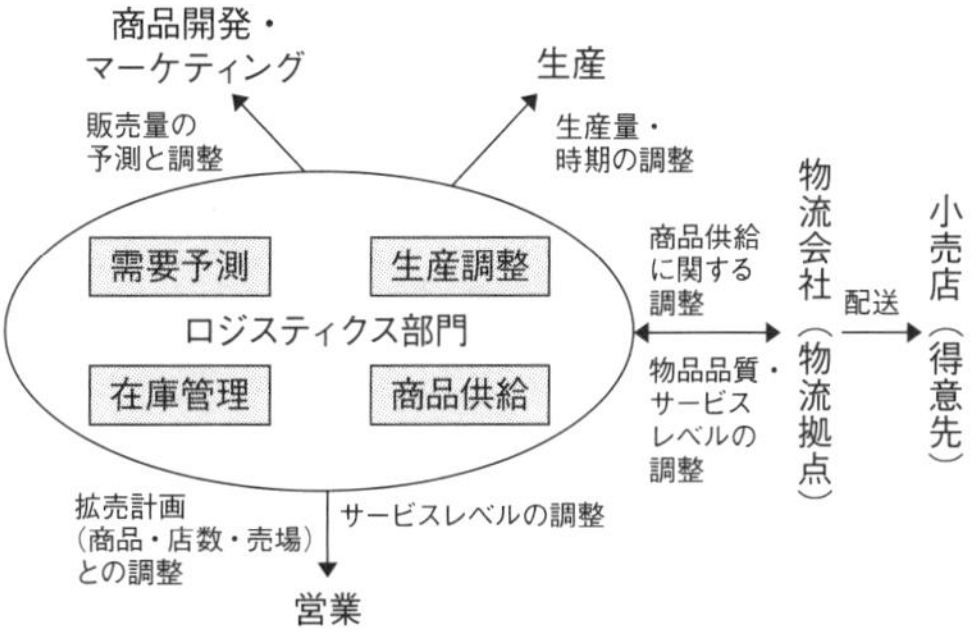

新商品販売における精度向上

見込み生産から実需に基づいた分割生産へ

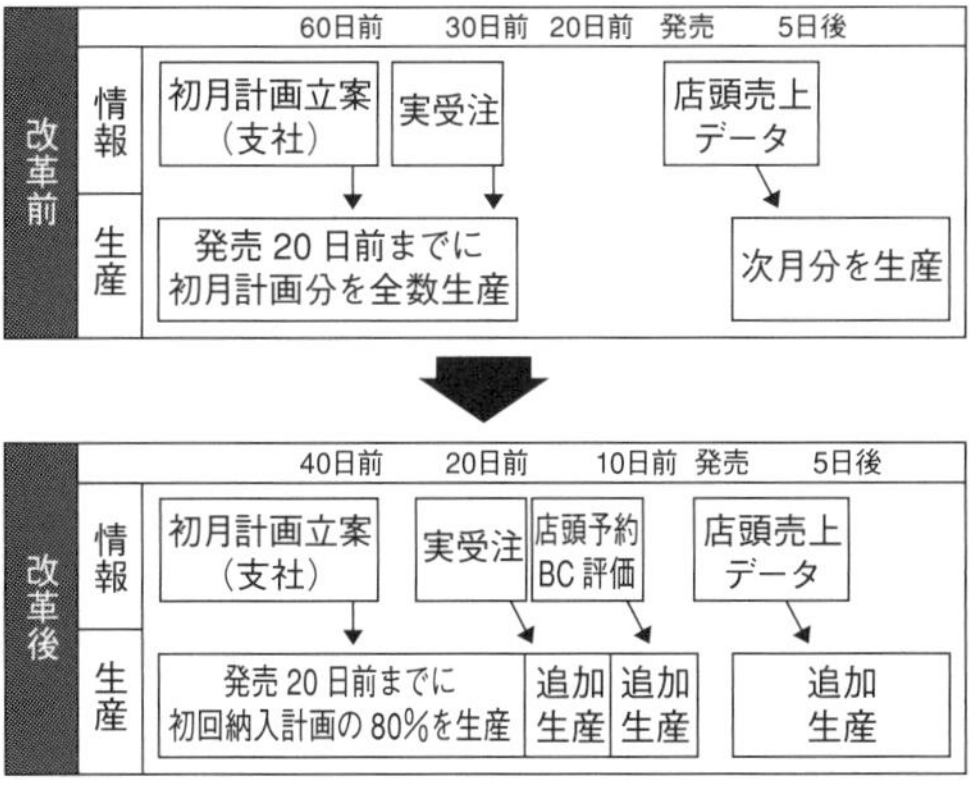

7-2 オフィスグリコ　既存流通を超える利便性で顧客創造

1922年創業、栄養菓子「グリコ」を製造してから約90年。初期は大阪三越百貨店などを販路とし、現在はコンビニやスーパーを主な販路としている江崎グリコは、新規ビジネスの一つとして、オフィスでの配置販売（いわゆる置き菓子）を始めています。

端を発したのは、顧客接点多様化のための研究会でした。消費者は菓子を家で7割消費しているだけでなく、オフィスで2割を消費している調査結果が出てきたことが、挑戦の始まりでした。そして、試行錯誤を経て、オフィスグリコがスタートし、フタを明ければ、購入者はこれまで既存流通で菓子を購入していなかった男性が7割を占めていました。

ここで、オフィスグリコの業態を簡単に解説しましょう。配置販売ですから、置き薬と同じで、オフィスに設置されたプラスチック製の箱（リフレッシュボックス）に、菓子を詰めておくと、オフィスで働く人が購入するというビジネスです。置き薬と目立って異なるのは、菓子を入替&補充するのは「グリコのお姉さん」で、販売センターから手押しのワゴンやバイク・軽自動車でルートを廻っているという点です。

このオフィスグリコの売上は年間で約30億円あり、江崎グリコは、単体で年間1340億円を売り上げていますので、2.2％を占めていることになります（2008年3月期）。オフィスグリコという新業態が、新たな顧客を創造したと言えます。

では、なぜこのような顧客創造ができたのでしょうか？

それはロジスティクスにあると、筆者は見ています。

夜オフィスで小腹が空いたときに、ビルを降りてコンビニまで菓子を買いに行く人は、少ないでしょう。また、菓子を常に机に入れている男性も少ないでしょう。ちょっとお腹が空いても、我慢していたのです。

顧客としてのオプション思考を考えると、「ビルを降りて菓子などを買いに行く」のか、「あともう少し我慢する」のかという2つの選択肢です。そして、オフィスで働くほとんどの男性が「我慢する」を選択していたのです。その理由は買いに行くのが面倒だったからです。

ということは、買いに行く面倒さをなくせば、我慢せずに買ってくれることになります。

オフィスグリコは、まさに4C（顧客価値、顧客コスト、コミュニケーション、利便性）

のうちの、「利便性（コンビニエンス）」が既存流通を超えたから、業態確立ができたのでしょう。

もちろん、売上が上がっても利益が出なければ存在意義がありません。ヒアリングしたときの話では、標準でセンター開設3年で利益が出るそうです。

56カ所ある各販売センターでは1600事業所に設置された1800台のプラスチック箱（リフレッシュボックス）を管理し、12名で入替補充をしています。1センター当たり売上は年間7500万円（多いところで1億円）ですから、1台当たり4万円強、週に1回が標準訪問（コール）ですから、1回約700円（1個100円なので、週7個売上）です。

ロジスティクスの発想で考えた場合、1回配達での粗利益（売上700円×粗利益率）から支払うロジスティクスコストを下げる工夫が必要です。

グリコでは、システム導入により、訪問1件にかかる時間を10分から5分以内に短縮したり、訪問場所の密度を上げるための営業部隊を導入したり、工夫をしています。

さらにロジスティクス視点での経営を進めれば、さらに利益効率も上がることでしょう。今後の更なる成長が期待されます。

ケース解説②　オフィスグリコ

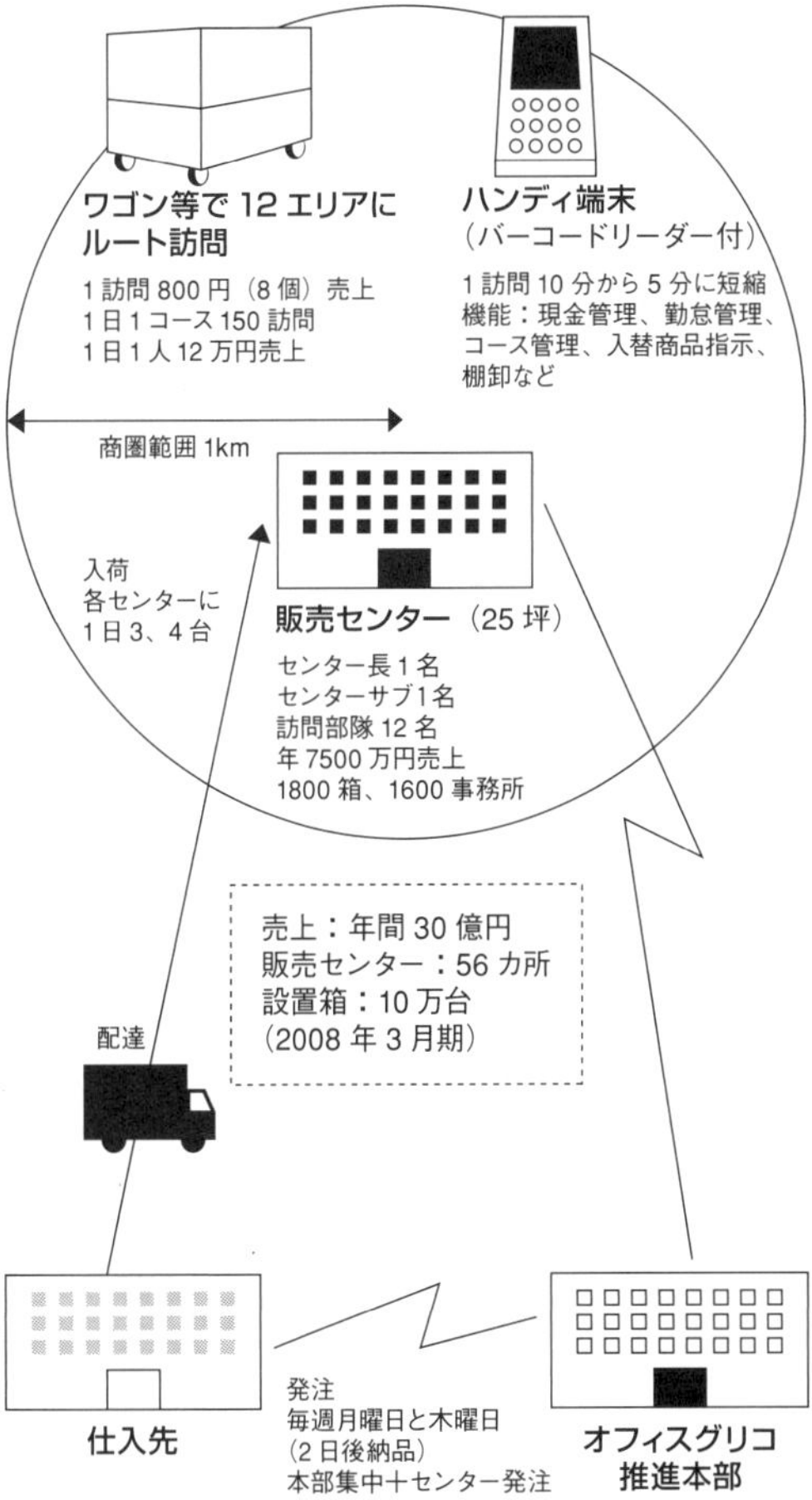
ワゴン等で 12 エリアにルート訪問
1 訪問 800 円（8 個）売上
1 日 1 コース 150 訪問
1 日 1 人 12 万円売上
ハンディ端末
（バーコードリーダー付）
1 訪問 10 分から 5 分に短縮
機能：現金管理、勤怠管理、コース管理、入替商品指示、棚卸など
商圏範囲 1km
入荷
各センターに
1 日 3、4 台
販売センター（25 坪）
センター長 1 名
センターサブ1名
訪問部隊 12 名
年 7500 万円売上
1800 箱、1600 事務所
売上：年間 30 億円
販売センター：56 カ所
設置箱：10 万台
（2008 年 3 月期）
配達
仕入先
発注
毎週月曜日と木曜日
（2 日後納品）
本部集中＋センター発注
オフィスグリコ
推進本部

7-3 アスクル　成長を支えるロジスティクス戦略と投資

1990年にアスクルのビジネスの原型が生まれてから、2008年5月期は売上高約1900億円を突破するビジネスとなりました。

同社はこれまで、オフィスデポやオフィスマックスなどの外資大手の日本進出や、文具メーカー最大手コクヨ（カウネット）の参入、事務機大手大塚商会（たのめーる）の本格参入など、激しい競争下での成長を遂げてきました。

アスクルのビジネスは、単に文具などを販売するビジネスではありません。文具という製品に、「明日来る」という納品サービスレベルと、「24時間FAX受注」（1997年よりインターネット受注）という便利な発注サービスを加えた「アスクルの商品」を販売しています（89ページ図表参照）。

アスクルは売上を伸ばす過程で、いくつかの販売戦略を組んでいます。

1つは取扱アイテムの増加です。取扱アイテムを増やすことで、お客様の利便性を増すと同時に、対象の市場を創り出していったのです。創刊0号のカタログではわずか500アイテムだったのが、2008年春夏号では約3万7000アイテムを取り扱っています。

次の戦略は対象マーケットの拡大です。当初は中小事業所が買う文具及び事務用品などを対象に、ビジネス展開をしていました。しかし、そのマーケットへの浸透度が増した段階で、次に中堅・大企業に対しては一括電子購買システム「アスクルアリーナ」を、大手企業には電子調達システムを利用した「イー・プロキュアメント」（e-procurement）を展開し始めました。また個人向けには「ぽちっとアスクル」も2007年12月に展開しています。このようにして、対象市場規模を拡大させ、売上を拡大し続けました。

さらに最近では、15兆円規模といわれる間接材（MRO）市場への参入を表明し、包装・梱包、研究材料などの調達業務を手がけるサービスを開始しました。

これは、まさに「アンゾフの成長マトリクス」で見ると模範的な事業展開です。

また、この成長に伴い、インフラであるロジスティクスへの継続的な投資を行っています。現在物流センターは全国で6カ所ですが、2006年9月に大阪DMCを、2007年8月には仙台DMCを稼動させ、機能集約によるさらなる効率化を図っています。

これらの物流センターでは、「明日来る」や「今日来る」の物流サービスレベルを維持しつつ、アスクルの成長を支えています。

さらに、サプライチェーンマネジメントという観点から、同社の「シンクロマート」を語る必要があります。これは、アスクルの在庫情報や需要予測に基づく基礎データを、サプライヤー（メーカー）と共有する仕組みです。複数の需要予測データを提供し、サプライヤーが納品数量を検討し、補充するという「ＶＭＩ」に似た仕組みを実現しています。シンクロマート導入の２００２年５月期を境に、アスクルでは品切れ率が大幅に下がり、メーカーサイドの在庫を大きく削減しました。

アスクルは成長スピードが速く、あらゆる重要課題が降りかかってきていますが、筆者が見るに、その多くがロジスティクスに関係する課題であり、その課題を解決するために、同社は先手先手を意識して、継続的な投資をしています。

ケース解説③　アスクル

アスクルの成長（新商品と新市場）

既存市場と既存商品から、少しずつ新規市場と新規商品を扱い、そのインフラに投資しながら成長

	既存商品	新規商品
既存市場	市場浸透戦略 →中小零細企業に文具・事務用品を販売	製品開発戦略 →取扱アイテムを増やす（創刊時500アイテムから現在は3万7000アイテムへ）
新規市場	市場開発戦略 →新規市場の拡大（飲食店・医療介護施設などのサービス業、病院・工事現場・工場などのMRO市場）	多角化戦略 ―

シンクロマート導入効果

シンクロマート（マーケティング情報共有システム）を導入し、需要予測の基礎データと在庫情報を共有し、サプライヤーとともに品切れ防止と在庫削減を行う。

品切れ率はほぼ5分の1に削減

2007年12月時点では仕入金額の90%がシンクロマートを導入したサプライヤー300社からのもの

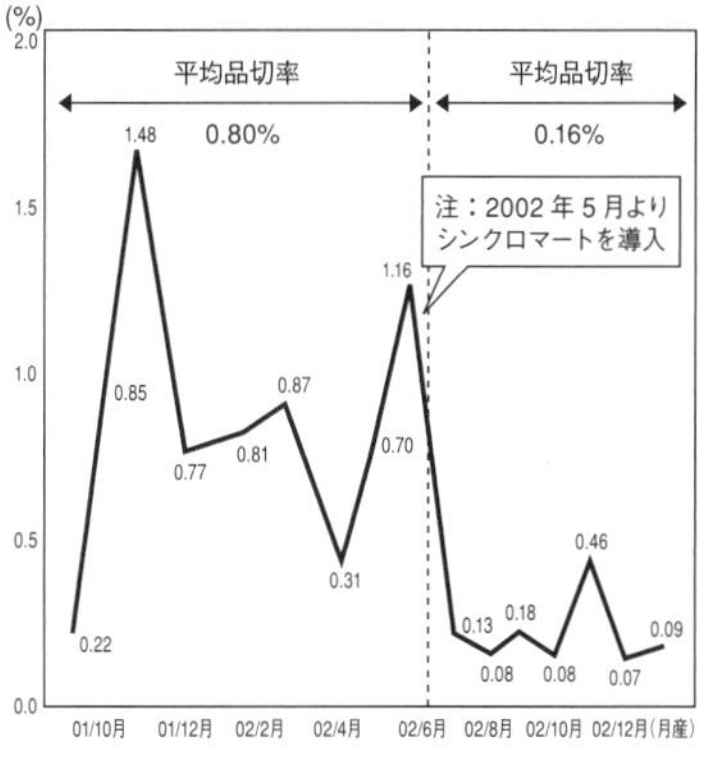

7-4 セブン-イレブン　コスト低減とサービスレベル向上の両立

1990年ごろ、コンビニエンスストアの多頻度小口配送が、交通渋滞や環境悪化、価格の値上がりを引き起こす原因とマスコミで騒がれました。

しかし、それは見かけ上のことであり、実際にはセブン-イレブンを初め、コンビニエンスストア各社の物流改革の努力によって、トラック台数削減が次々と実現されていきました。

最も有名なものは、窓口問屋制というベンダー集約化による共同配送システムの確立です。たとえば、セブン-イレブンの創業当時1日70台が1店舗に納品していたトラック数は、1980年には34台となり、1990年には12台となりました。

その共同配送は、生鮮食品（野菜・和日配）や牛乳、米飯、雑貨という分野ごとにセンターを持ち、温度帯ごとに配送車が納品しています。たとえば、生鮮食品と牛乳、加工肉は同じトラックで運ばれます。

次ページのアイスクリームの供給体制の効率化を見れば、共同配送がいかに効率的であるかが理解できると思います。これは1992年からと、セブン－イレブンの歴史としてまだ新しい取り組みです。

全国の冷凍食品専用の営業倉庫から配送センターに来ていたものを、全国7カ所にエリアデポを設置して、そこに在庫機能も持ったことで、格段にサービスレベルが上がり、在庫削減もでき、欠品も減り、輸送効率も格段に上がりました。

また、1994年には、メーカーと配送センター間の路線便を集約して、配送車の積載率を70%から100%に向上させ、配送経費が10%削減し、納品車両を13台から7台に減らす取り組みも行っています。これによって、店舗周辺の渋滞緩和にも役立っています。

このように、多くの物流施策で、物流コストを下げながら、物流サービスレベルの向上も同時に実現し続けています。

酒と飲料、加工食品と雑貨、菓子類を同じ車両で運ぶ「常温一括配送」などの取組みについても、2005年に完了していますが、同社では物流のさらなる効率化に向けてさまざまな対応を図っています。

ケース解説④　セブン - イレブン

セブンーイレブンのアイスクリーム配送

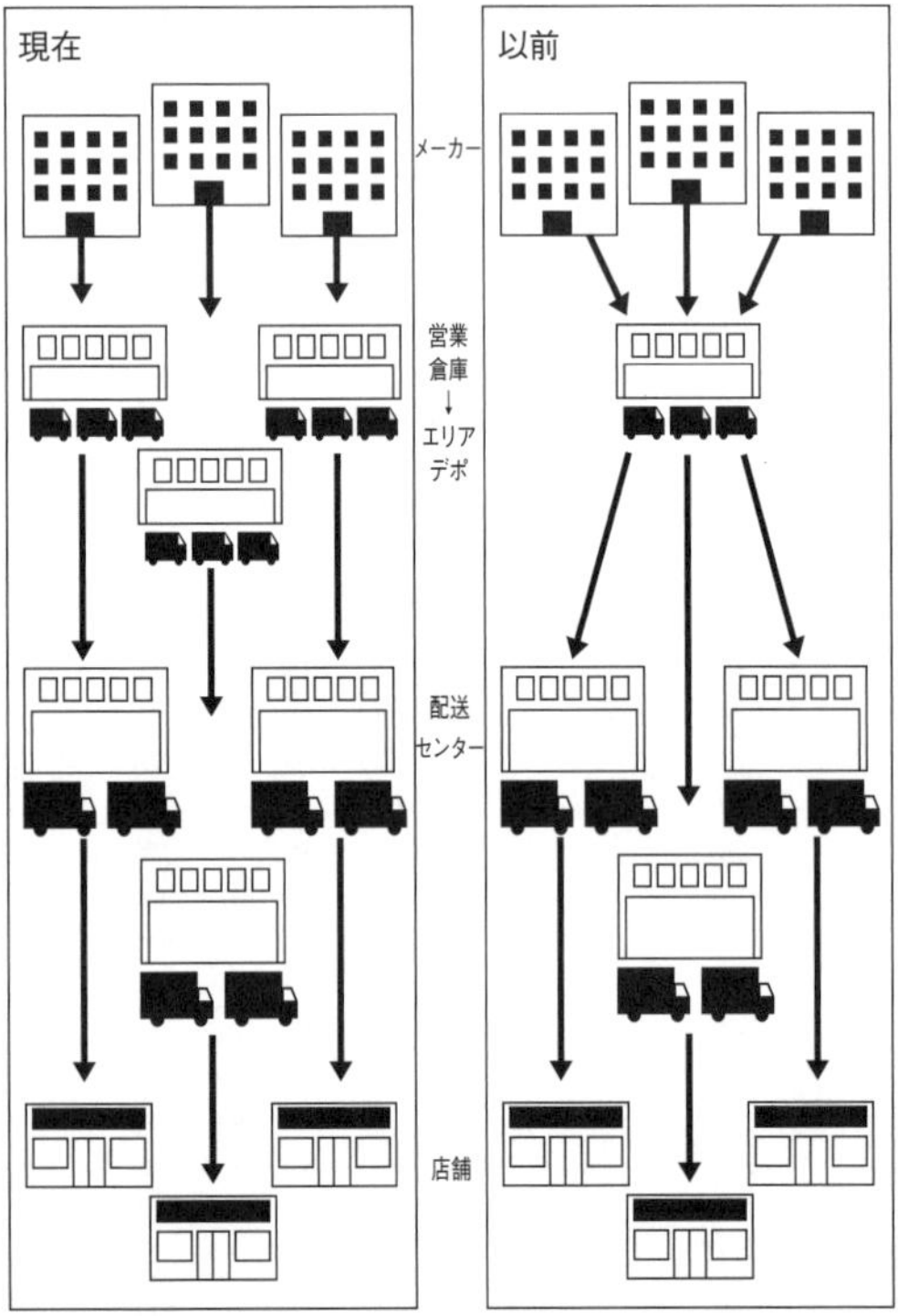

項目	納品サービスレベルの向上			センター在庫日数	センター納品車両
	納品回数	リードタイム	ロット		
エリアデポ設置前	週1～5回	2～4日	50～100cs	7～10日	日12台
エリアデポ設置1年後	毎日	1日	1cs	3～4日	日3～4台

資料①　グリーンロジスティクス・チェックリスト（Ver1.0　簡略版）

分類			No.	チェック項目
方針	全社的な取組み	①グリーンロジスティクスのための仕組み・体制の整備	1	企業の環境方針、行動計画等は、トップのコミットメントにより策定されている。
			2	環境委員会や環境部門で、ロジスティクス分野における方針が策定されている。
			3	グリーンロジスティクスを推進する体制が構築されている。
			4	グリーンロジスティクス推進に向けての計画があり、周知徹底している。
			5	グリーンロジスティクス推進のため、社員へ教育（人材育成）を行っている。
			6	ロジスティクス活動において発生する環境負荷の項目を把握している。
			7	海外拠点を含めて、ロジスティクス分野における環境対策を実施している。
			8	ロジスティクス分野において、法令遵守（廃棄物処理法、各種リサイクル法、過積載輸送の防止など）徹底に向けて取り組みをしている。
			9	ISO14000s を取得している（自己宣言相当の活動をしている）。
			10	エコアクション 21 を取得している（自己宣言相当の活動をしている）。
			11	グリーン経営認証を取得している（自己宣言相当の活動をしている）。
			12	ロジスティクス活動に伴って発生する廃棄物の再資源化に向けて取り組んでいる。
			13	輸配送に係る環境パフォーマンスを算定している。
			14	包装に係る環境パフォーマンスを算定している。
			15	グリーンロジスティクス推進のため、グループ企業、取引先、業界団体（自主行動計画など）と共同で取り組んでいる。
			16	協力会社（傭車先等）に対し、環境配慮のための育成・指導を行っている。
			17	物流拠点の周辺住民と共に、環境負荷（騒音、振動、ゴミ等）の軽減に向けた取り組みを実施している。
			18	ロジスティクス分野における環境に対する取り組みを環境報告書や環境レポート等に記載している。
			19	グリーンロジスティクス推進に寄与する、行政等の各種支援策を把握し、活用している。
		②公害の防止・軽減	20	輸送機関（トラック、船舶等）の大気汚染の防止、軽減の施策を実施している。
			21	騒音・振動の防止、軽減の施策を実施している。
			22	水質汚濁の防止、軽減の施策を実施している。
	環境に配慮した製品開発・生産体制	①製品開発	23	包装資材の削減を考慮した製品開発を実施している。
			24	輸送効率を考慮した製品開発を実施している。
			25	物流に関する記載が含まれた製品アセスメントガイドラインやマニュアルを利用して、製品評価を実施している。
		②生産体制	26	積載率向上又は環境負荷の少ない輸送手段使用といったことに対応した生産体制を構築している。
	商取引の適正化	①ロットの適正化	27	取引先と協力し、取引基準を設定（取引単位を物流単位と整合化するなど）している。
			28	取引先にインセンティブ（ロット割引等）を提供して、輸送単位を大きくするように誘導している。
		②頻度・時間の適正化	29	取引先と協力し、配送頻度、納品回数の削減や、リードタイムの見直し（延長）を実施している。
			30	取引先と協力し、輸送量のピーク期間を移動させることにより平準化している。
			31	入出荷時間を定刻化し、車両の待機時間を短縮している。
		③返品・回収の適正化	32	返品抑制のために、返品物流費の有償化や売買契約（納品条件）の見直し等の施策を実施している。
	ネットワーク設計	①立地戦略	33	環境負荷を考慮に入れた拠点配置を進めている。
		②モーダルシフトの推進	34	輸送に鉄道を利用している。
			35	輸送に船舶（フェリーを含む）を利用している。
	情報化・標準化	①情報化の推進	36	実需要に即応した体制、又は需要予測の精度を向上させ、無駄な生産、在庫、輸送を削減している。
			37	標準物流 EDI（JTRN など）を利用し、配送伝票を電子化している。
			38	標準輸送ラベルを使用している。
		②スペック・サイズの標準化	39	ユニットロードシステムを導入している。
	共同化	①共同輸配送の実施	40	輸配送車両の削減や積載率を高めるために、共同輸配送を実施している。
		③保管施設の共同化	41	物流拠点を他社と共同で利用している。

（作成）社団法人日本ロジスティクスシステム協会　ロジスティクス環境会議

資料②　グリーン・ロジスティクス　チェックリスト（Ver1.0　簡略版）

分類			No.	チェック項目
活動	包装の見直し	①包装資材の廃止・スリム化	42	使用包装資材を薄肉化、軽量化（段ボール紙質の軽量化　他）している。
			43	包装形態を簡易化（通い箱、ハンガー輸送、部分包装など）している。
			44	小箱包装を廃止して大箱にまとめている。
			45	未使用時も減容化しやすい包装材（折りたたみ式通い箱、組み立て式包装資材など）を採用している。
			46	無包装化に取り組んでいる。
		②リユース・リサイクル	47	運搬容器やパレットのリユースについて、全社でシステム化し管理している。
			48	リターナブル、リユース、リサイクル可能な包装資材、運搬容器を使用している。
		③環境負荷の低い素材の使用	49	包装資材の再使用、再資源化、廃棄を考慮して、素材を変更している。
			50	再生素材を原料とする包装資材を使用している（バージン素材を使用しない）。
			51	有害物質を含まない包装資材を使用している。
		④低公害機器の導入	52	省エネ型、低公害型の包装用機器を導入している。
	輸配送の見直し	①輸配送計画の見直し	53	現状の輸送量やリードタイム等を勘案し、環境負荷の少ない輸送手段の使用を定期的に検討している。
			54	配送において、物量に応じて、車種、車数、配送ルート、配送回数をきめ細かく見直し、配車計画に反映させている。
			55	輸送において、輸送先、輸送量に応じて拠点経由と直送を使い分け、全体で輸送効率を向上している。
			56	便数削減のために、トラックの大型化、トレーラー化をすすめている。
		②積載率の向上	57	帰り荷の確保のための工夫（求貨求車システムの導入等）をしている。
			58	輸送・取引単位が小ロットの場合は混載や共同輸送を利用している。
			59	得意先への配送の際には、他社との共同配送により積載率を高めている。
			60	調達物流においてミルクラン方式（共同運行含む）を利用している。
			61	車両の積載効率向上のために、二段化等、積載方法を工夫している。
		③点検・警備・安全管理	62	タイヤ空気圧の測定・補充を定期的に行っている。
			63	エアフィルターの点検・清掃・交換を定期的に行っている。
			64	排気ガスの色を目視で確認している。
		④エコドライブ	65	エコドライブに係るマニュアル等を用いて、エコドライブ活動を実施している。
			66	デジタコ等を活用し、ドライバーへエコドライブ指導を実施している。
		⑤低公害車両の導入	67	クリーンエネルギー自動車を導入している。
			68	最新の排気ガス規制に対応したトラックを前倒しで導入している。
			69	エンジン停止時も冷凍機能が停止しない冷凍車を使用している。
			70	エコタイヤを導入している。
			71	バイオマス燃料を利用している
	荷役・保管・流通加工の見直し	①機器購入・運用の工夫	72	環境負荷の高い物流機器を削減し、省エネ型物流機器、低公害型物流機器を導入している。
			73	効率的な人員配置と機器運用により、稼動時間の短縮を実現している。
			74	環境負荷の低減を考慮して、物流機器の使用の制限や適切な能力の機器の選択を行っている。
		②施設設計・レイアウト	75	物流量の変動並びに作業動線を考慮して、倉庫レイアウト、あるいは在庫レイアウトを変更している。
			76	入荷と出荷の車両が混雑・交錯・滞留しないように、施設・レイアウト設計の工夫、もしくはタイムスケジュール管理を行っている。
			77	積みおろしに伴う待ち時間のアイドリングを防止するため、ドライバー控室を設置している。
			78	電力設備、照明、空調に省エネ機器を導入している。
			79	ラック、ネステナー、パレットサポーター等によって保管効率を向上させる工夫をしている。
			80	荷物積みおろし中の冷凍車のアイドリング防止のため、保冷車用のコンセントを設置している。
			81	冷蔵・冷凍倉庫において、代替フロン（HFC）や自然冷媒を使用している。
			82	冷蔵・冷凍倉庫において、できるだけ外気が侵入しないように工夫をしている。
			83	冷蔵・冷凍保存が必要な商品が過剰冷却にならないようにしている。
		③物量の平準化	84	入庫量、出庫量、保管量を平準化し、保管スペースをコンパクトにしている。
			85	不動在庫、不良在庫等の無駄な在庫を削減し、保管スペースをコンパクトにしている。
		④資材削減・変更	86	ラベルやラベルインキ、テープ、養生資材等の購入の際に、素材を考慮している（グリーン購入）。

（作成）社団法人日本ロジスティクスシステム協会　ロジスティクス環境会議

資料③　物流KPI体系　（日本ロジスティクスシステム協会作成）

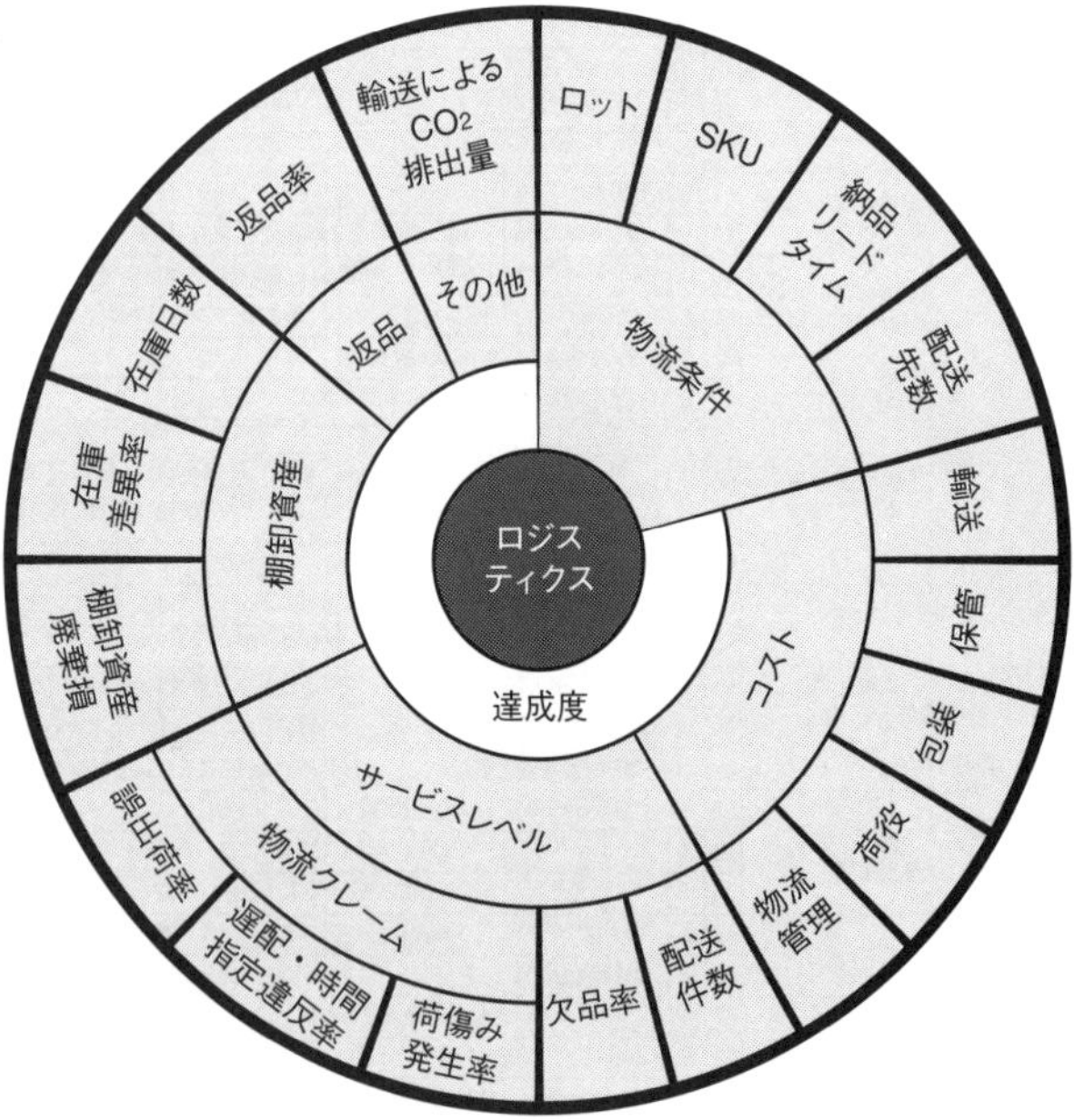

資料④　物流ＫＰＩ（流通研究社作成）

物流ＫＰＩマトリクス

管理項目＼プロセス	調達	CS・受注	在庫管理	物流センター	輸送	総合
安全品質	・発注精度 緊急発注率 発注取消率 発注エラー率 ・完全購買オーダー率	・受注訂正比率 ・受注エラー率 ・請求書エラー率	・在庫充足率 ・物流事故品発生率 ・物流以外不良品発生率 ・返品未処理品在庫比率	・誤出荷率 ・棚卸精度 ・センター内貨物事故率	・緊急出荷率 ・輸配送貨物事故率 ・誤配送率	・完全オーダー達成率 ・返品率 ・物流クレーム率 ・度数量 ・強度率
リードタイム	・調達リードタイム ・サプライヤー納期遵守率	・納期回答LT ・受注エントリータイム ・受注処理時間 ・最終受注締め遵守率 ・クレーム処理完了所要時間		・入出荷処理時間 ・出荷依頼サイクルタイム ・入庫当日出荷比率	・当日出荷比率 ・未着照会回答ＬＴ ・標準輸送ＬＴ遵守率	・納品リードタイム 標準納期遵守率 指定納期遵守率 ・納期遵守率
生産性	・人・時当り発注件数	・人・時当り受注件数 ・EDI受注比率	・完成品在庫日数 工場在庫日数 拠点在庫日数 輸送中在庫日数 ・不動在庫比率	・人・時当り入庫量 ・人・時当り出庫量 ・保管効率	（車単位のトラック輸送の場合） ・実働率 ・積載率 ・実車率 ・回転率	・ロジスティクス担当フルタイム換算従業員当り完全オーダー件数
原単位コスト	発注１件あたり購買処理コスト	・受注１件当り処理コスト	・在庫アイテム数当り在庫管理コスト	・入庫量当入庫荷役コスト ・出庫量当出荷荷役コスト ・出庫量当保管コスト ・出庫量当オペレーションコスト（総費用）	・トンキロ当り輸送／配送コスト ・送り状１件当りデリバリーコスト	・トン当り総物流コスト
環境					・トンキロ当りCO_2排出量 ・トンキロ当りＭＪ使用量	
総コスト	・調達物流コスト ・発注コスト	・受注処理コスト 請求書発行コスト ・クレーム応対コスト	・在庫管理コスト（マスター更新&補充発生） ・在庫コスト（金利・劣化・陳腐化等）	・入庫荷役コスト ・出庫荷役コスト ・保管コスト ・包装コスト ・流通加工コスト ・センター事務コスト ・棚卸コスト（一斉＋循環）	・輸送コスト ・配送コスト ・輸送事務コスト	・総ロジスティクスコスト ・物流品質保証コスト ・安全管理コスト ・情報処理コスト ・本社経費

資料⑤　倉庫の種類

名称	正式名称	概要	具体的には（イメージ例）
DC	ディストリビューションセンター	保管型の倉庫	自動倉庫を持ち、パレットごとでの保管をしている。そして、海外コンテナがたくさん入ってきて、10 トントラックで出荷しているような倉庫
TC	トランスファーセンター	通過型の倉庫	出荷バース（トラックをつける場所）に2トントラックや4トントラックがずらりと並んでいる。センター内では、仕分けソーター（仕分けるための分岐がついたコンベア）で大量に入ってきた商品を方面別に仕分け、ロールボックスパレット（カゴ車）や折りコンに積まれているような倉庫
PC	プロセスセンター	加工型の倉庫	保健衛生上管理されている。魚や野菜が人手によりカットされ、パックされているようなセンター
返品センター	返品センター	返品専用の倉庫	多くの顧客（最終ユーザーや小売店、卸）などから、きっちり分類されずにダンボールに詰められた商品が入庫され、それを人手で分類、再生加工などを行っている

※ＤＣ＋ＰＣであるとか、ＤＣ＋ＴＣというようなセンターも多くある

資料⑥　発注支援システム

発注支援システムには以下のようないろいろな機能がある

①発注情報送信システム
②発注支援システム
③自動発注システム
④需要予測システム

ポイントは人の判断力をフル活用させることができる発注支援システムを構築すること

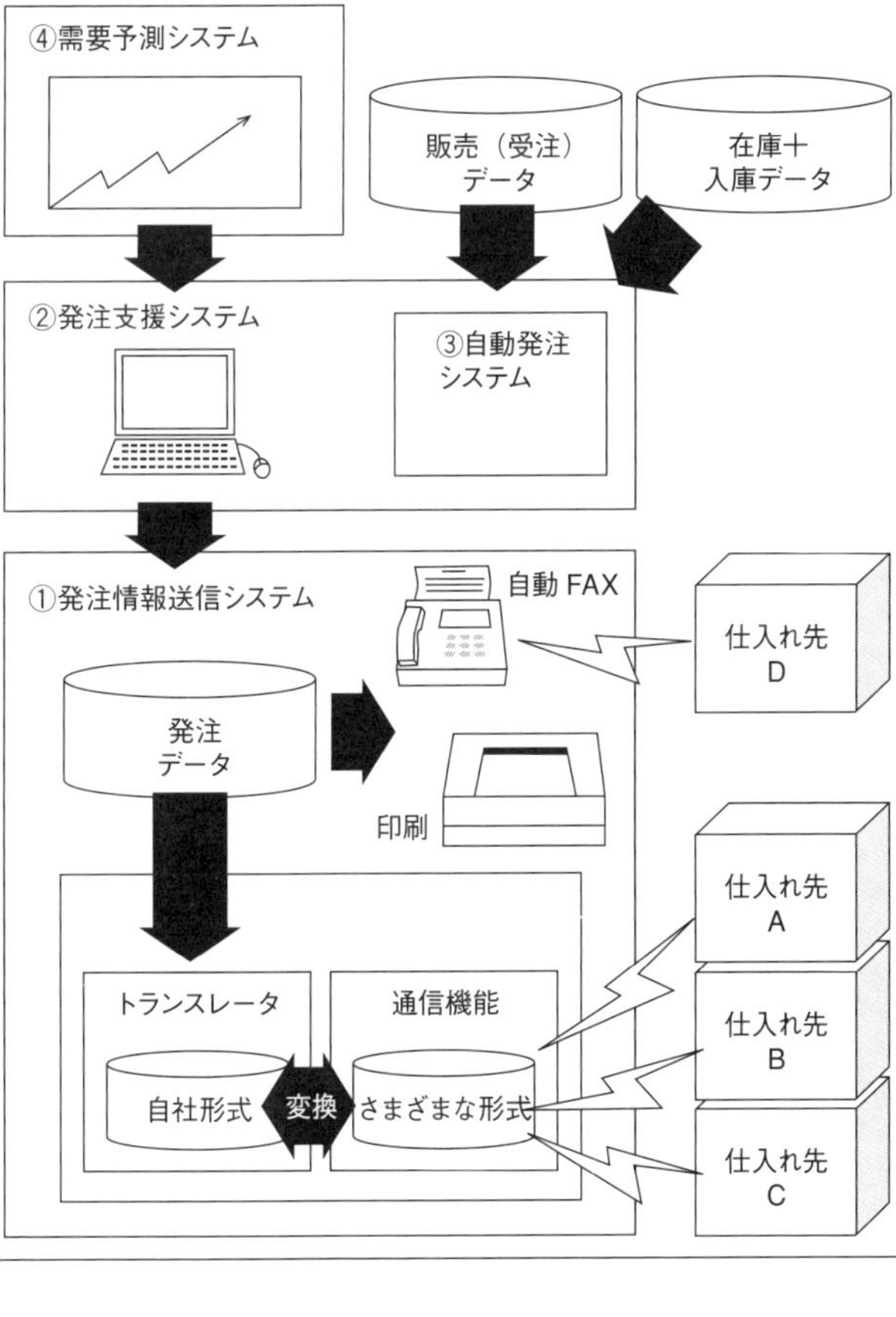

資料⑦　物流コスト算定方法

項目	費　目	支払自家別	計算方法
人件費	①管理費	自家	推定
	②一般男子	〃	〃
	③一般女子	〃	〃
	④パート・アルバイト	〃	実績
	小　計		
配送業	⑤支払運賃	支払	実績
	⑥センターフィー	〃	〃
	⑦車輛費	自家	推定
	⑧車輛維持費	〃	実績
	小　計		
保管費（流通加工費含む）	⑨支払保管料	支払	実績
	⑩支払作業料	〃	〃
	⑪梱包材料費	自家	〃
	⑫自家倉庫費	〃	推定
	⑬倉庫内機器費	〃	〃
	⑭在庫金利	〃	〃
	小　計		
情報処理費	⑮情報機器費	自家	推定
	⑯消耗品費	〃	〃
	⑰通信費	〃	〃
	小　計		
その他	⑱事務所費	自家	推定
合計（トータル物流コスト）			
管理指標	⑲ 売上高		実績
	⑲ 出荷金利		
	⑲ 粗利金額		
	⑳物流コスト比率		

（出典：『わかりやすい物流コストの算定マニュアル』中小企業庁）

■著者

角井亮一（かくい　りょういち）

1968年生まれ。上智大学経済学部経済学科を3年で単位取得終了し、渡米。ゴールデンゲート大学MBAをマーケティング専攻にて取得。帰国後、船井総合研究所、不動産会社を経て光輝グループ入社。同グループでは、物流コンサルティングおよびアウトソーシングを主な活動分野とし、日本初のゲインシェアリング（成功報酬型アウトソーシング、東証一部企業）を達成する。2000年に株式会社イー・ロジットを設立、代表取締役に就任。日本物流学会理事。財団法人東京都中小企業振興公社専門家派遣事業支援専門家。

主な著書に『物流改善の進め方』（かんき出版）、『とことんやさしい戦略物流の本』（日刊工業新聞社）、『図解　よくわかる物流のすべて』（日本実業出版社）などがある。その他、無料メルマガ「ロジスティクス思考的経営話」を公開中。

〈問合せ先〉

info@e-logit.com
http://www.e-logit.com

■監修

グローバルタスクフォース株式会社

世界18カ国の主要ビジネススクールが共同で運営するMBAキャリア支援会社”Global Workplace”（本部：ロンドン）を母体とするその戦略子会社。日本では雇用の代替としての非雇用型人材支援サービス「エグゼクティブスワット」を世界に先駆けて展開。大手企業グループ合併後の新会社経営企画本部内チーム常駐支援やベンチャー企業常駐支援など、多くのプロジェクト支援実績を持つ。

主な著書に「通勤大学ＭＢＡシリーズ」、『ポーター教授「競争の戦略」入門』、『コトラー教授「マーケティング・マネジメント」入門』（Ⅰ・Ⅱ実践編）（以上、総合法令出版）など多数。

公式ＵＲＬ　http://www.global-taskforce.net

通勤大学文庫
通勤大学実践 MBA　戦略物流

2008年9月3日　初版発行

著　者　　角井亮一
監　修　　グローバルタスクフォース株式会社
装　幀　　倉田明典
イラスト　田代卓事務所
発行者　　仁部　亨
発行所　　総合法令出版株式会社
〒107－0052　東京都港区赤坂1-9-15
日本自転車会館2号館7階
電話　03-3584-9821
振替　00140-0-69059
印刷・製本　中央精版印刷株式会社
ISBN 978-4-86280-093-0

総合法令出版ホームページ　http://www.horei.com